Die Deutsche Bibliothek – CIP-Einheitsaufnahme

**365 Schlummer-Geschichten zum Kuscheln,
Schmunzeln und Träumen** / Josef Carl Grund.
Zeichn. von Rolf Rettich.
– 1. Aufl. – Bindlach : Loewe, 1996
ISBN 3-7855-2917-1
NE: Grund, Josef Carl; Rettich, Rolf;
Dreihundertfünfundsechzig Schlummer-Geschichten
zum Kuscheln, Schmunzeln und Träumen

*Dieses Buch ist auf chlorfrei gebleichtem Papier gedruckt.*

ISBN 3-7855-2917-1 – 1. Auflage 1996
© 1996 by Loewe Verlag GmbH, Bindlach
Umschlagzeichnung: Rolf Rettich
Umschlagtypographie: Karin Roder
Satz: DTP im Verlag

Josef Carl Grund

# 365 Schlummer Geschichten

zum Kuscheln, Schmunzeln und Träumen

Zeichnungen von Rolf Rettich

Loewe

# Inhalt

## Der fliegende Teppich

Tante Lotte hatte Peter ein Märchenbuch geschenkt. Gleich nach dem Abendessen lief er mit Dackel Niko ins Kinderzimmer und schlug das Buch auf. Das erste Märchen hieß „Der fliegende Teppich".

„Das lese ich dir vor", sagte Peter zu Niko. „Sitz!"

„Wuff!" bellte der Dackel und setzte sich auf den Teppich im Kinderzimmer. Peter setzte sich neben ihn und las vor. Niko lauschte mit gespitzten Ohren.

Da geschah Seltsames.

Kaum hatte Peter das Zauberwort gelesen, das den Märchenteppich aufsteigen ließ, – schwebte der Teppich aus dem Kinderzimmer mit Peter und Niko durch das offene Fenster in den Himmel hinauf.

Peter hielt sich zuerst krampfhaft fest, dann gefiel es ihm.

Wie Bauklötzchen lagen weit unten die Häuser der Stadt, und die Autos krabbelten wie Käfer umher.

Dann erschrak Peter. Ein Düsen-Jet raste auf ihn zu – und Peter kannte das Zauberwort nicht, das seinen Teppich ausweichen ließ!

Niko jaulte.

Peter schloß die Augen, spürte den Aufprall – und erwachte. Er war beim Lesen eingeschlafen, umgekippt und auf seinen Teppich gefallen. Dackel Niko leckte ihm die Hand ab.

„Ui!" schnaufte Peter und war froh, daß er nur geträumt hatte.

## Gähnemann

Vor langer Zeit lebte ein Mann, der so ansteckend gähnte, daß alle um ihn herum mitgähnen mußten und dann einschliefen. Wenn er auf Baustellen gähnte, schliefen die Maurer und Zimmerleute ein. Die Eseltreiber dösten mit ihren Eseln, die Waschfrauen schliefen am Waschtrog ...

„Jagt ihn fort!" befahl der König.

„Aber nein, Majestät", sagte der oberste Minister. „Ich weiß, daß die Nachbarkönige in drei Tagen den Krieg gegen uns beschließen wollen. Schicken wir Gähnemann zu ihnen."

Das geschah. Gähnemann ließ die Nachbarkönige den Krieg verschlafen, und sein König hängte ihm einen zwei Pfund schweren Orden um den Hals.

## Rübezahl

Rübezahl, der Berggeist des Riesengebirges, half einst einem Waisenkind. Die Tante, die sich um das Mädchen kümmerte, war hartherzig. „Such Pilze im Wald und verkauf sie auf dem Markt", hatte sie gesagt. „Ohne Geld gibt's nichts zu essen!"

Das hatte der unsichtbare Rübezahl belauscht. Als das Mädchen in den Wald kam, ließ er es einschlafen ...

Es erwachte bei fremden, aber sehr lieben Leuten. Sie sagten, daß ihnen ein vornehmer Herr viel Geld gegeben habe, damit sie das Waisenmädchen wie eine eigene Tochter aufziehen sollten.

Der bösen Tante ließ Rübezahl fünf Zähne ausfallen und zwei dicke Warzen auf der Nase wachsen.

# Ein guter Rat

Es war einmal ein Königreich, in dem alle Leute vier Augen hatten: zwei im Gesicht (so wie wir) und zwei im Hinterkopf. Sie sahen nicht nur, was vor ihnen geschah, sondern auch alles, was hinter ihnen passierte. Das war sehr praktisch.

Schlimm war, daß sie schlecht schliefen. Wenn sie auf dem Rücken lagen, drückte es sie auf die hinteren Augen; lagen sie auf dem Bauch, taten ihnen die Vorderaugen weh.

Der König versprach jedem, der ihm und seinen Untertanen guten Schlaf bringe, eine hohe Belohnung. Da kamen viele mit Pillen und Tränklein, doch keines half, und die Vierauger schliefen weiterhin schlecht.

Eines Tages besuchte ein Fremder, der nur zwei Augen hatte, das Vieraugenland. Er hörte die Klagen, ging zum König und sagte: „Majestät, ich kann Euch helfen. Dazu brauche ich keine Pillen und keine Tränklein."

Der König versprach ihm so viele Goldstücke, wie ein Esel tragen könne. Der Fremde sagte: „Ihr, Majestät, und Eure Untertanen sollten nicht auf dem Bauch oder dem Rücken, sondern auf der rechten oder linken Seite schlafen. Dort drückt es nicht auf die Augen."

So geschah es, und es half. Der Fremde bekam den Goldesel, und die dankbaren Vierauger winkten ihm zum Abschied nach.

## Alles ändert sich

Ein König heiratete das schönste Mädchen aus einem Holzfällerdorf. Zur Hochzeit schenkte er jeder Holzfällerfamilie Geld und stellte die Männer als königliche Waldarbeiter an. Da wurden sie nicht arbeitslos ...

Die junge Königin lebte in großer Pracht. Trotzdem hatte sie manchmal Sehnsucht nach dem Dorf, in dem sie aufgewachsen war. „Fahren wir doch einmal hin", sagte der König ...

Dann war alles anders. An Stelle der armseligen Hütten standen schmucke Häuser. Die Leute sahen alle zufrieden aus. „Ich freue mich, daß es euch gutgeht", sagte die Königin – und war ein bißchen traurig, daß es auch hier nicht mehr so wie früher war.

## Aäätsch!

Peter, Michael und Christine standen am zweiten Schultag im Pausenhof zusammen.

„In meiner Klasse ist die Tochter des Landrats", sagte Peter.

„Na und?" spottete Michael. „Neben mir sitzt der Sohn eines Ministers."

Christine sagte nichts. „Da kommst du nicht mit, was?" spotteten die Jungen.

„Doch", antwortete Christine. „In meiner Klasse sitzen ein Kaiser, ein König und ein Graf."

„Blödsinn", brummelte Peter.

„Nee", sagte Christine. „In der ersten Bank sitzt Helmut Graf, in der dritten Johannes Kaiser und in der letzten Herbert König – aäätsch!"

## Eine endlose Geschichte

Draußen stürmte es. Der alte Förster saß in seiner Jagdhütte. Da klopfte es ans Fenster. „Wer ist da?" rief der alte Förster.

„Ich, der Oberförster!" rief es zurück. Der alte Förster öffnete die Tür. „Komm rein, lieber Freund", sagte er. „Ich mach' uns Tee mit Rum. Erzähl mir etwas dabei."

„Gern", sagte der Oberförster und erzählte: „Draußen stürmte es. Der alte Förster saß in seiner Jagdhütte. Da klopfte es ans Fenster. ‚Wer ist da?' rief der alte Förster.

‚Ich, der Oberförster!' rief es zurück.

Der alte Förster öffnete die Tür. ‚Komm rein, lieber Freund', sagte er. ‚Ich mach' uns Tee mit Rum. Erzähl mir etwas dabei.'

‚Gern', sagte der Oberförster und erzählte: ‚Draußen stürmte es. Der alte Förster saß in seiner Jagdhütte. Da klopfte es ans Fenster. ‚Wer ist da?' rief der alte Förster.

‚Ich, der Oberförster!' rief es zurück. Der alte Förster öffnete die Tür.

‚Komm rein, lieber Freund', sagte er. ‚Ich mach' uns Tee mit Rum. Erzähl mir etwas dabei.'

‚Gern', sagte der Oberförster und erzählte: ‚Draußen stürmte es. Der alte Förster saß in seiner Jagdhütte. Da klopfte es ans Fenster' ..."

Und so weiter und so fort, – bis dir die Augen zufallen.

Gute Nacht.

## Der Igel und die Schlange

Eine große Schlange kroch auf einen kleinen Igel zu. Sie hatte Appetit auf einen Igel; doch der Kleine rollte sich zusammen und streckte seine Stacheln wie Speerspitzen nach allen Seiten.

„Lieber Igel", sagte die Schlange, „warum reckst du mir deine Stacheln entgegen? Ich will mit dir Freundschaft schließen. Zieh die Stacheln ein, damit wir einander Küßchen geben können."

Der Igel antwortete: „Liebe Schlange, laß dir zuerst deine Zähne ausziehen. Dann will ich dir gern ein Küßchen geben." Er blieb eingerollt, und die Schlange kroch wütend davon.

*(Einer alten Fabel nacherzählt)*

## Die Vogelfängerin

Die kleine Helga wohnte in einem Haus, das in einem großen Garten stand. Auf den Bäumen darin und in der Gartenhecke tummelten sich Amseln, Sperlinge und andere Vögel. – Helga hätte gern einen Vogel gefangen; nicht um ihn in einen Käfig zu sperren, o nein! Sie wollte ihn streicheln und dann wieder freilassen. Leider flogen die Vögelchen vor Helga davon.

Da sagte Vati: „Einen Vogel fangen ist kinderleicht. Du mußt ihm Salz auf das Schwänzchen streuen, dann bleibt er sitzen." – Helga versuchte es vergebens. Die Vögel schwirrten ab, bevor sie das Salz streuen konnte.

Das geschah am 1. April. Vati hatte Helga in den April geschickt.

13

# Das Schloßgespenst

Der Graf von Rumpelstein hatte sein Schloß zu einem Hotel umbauen lassen. Die Leute tuschelten, daß im Schloßturm die Weiße Frau von Rumpelstein spuke – zur Strafe dafür, daß sie vor dreihundert Jahren das Schlachtroß ihres Gemahls zu Gulasch verarbeiten ließ.

Der Graf war Junggeselle. Er freute sich, daß ihn seine Nichte Andrea in den Osterferien besuchte. Sie war elf Jahre alt und fast immer lustig.

In diesen Osterferien wohnte auch der Angeber Juppi Sanders mit seinen Eltern im Schloßhotel. Er war neun und fürchtete sich, wie er prahlte, vor gar nichts. – „Wenn du dich traust, komm heute zu Mitternacht in den Schloßturm", spottete Andrea.

„Und ob ich mich traue!" rief Juppi.

Er kam pünktlich zur Geisterstunde. Die Weiße Frau erschien im Mondlicht, das durch das Turmfenster schimmerte. Sie packte Juppi, schüttelte ihn und zischte: „Reiß bloß deine Klappe nicht mehr so weit auf, du Großmaul, sonst mach' ich aus dir, was ich aus dem Schlachtroß meines Gemahls machen ließ – du windiger Angeber!"

„Bi-bitte kein Gulasch", stotterte Juppi entsetzt, „bi-bitte kein Gulasch!" Er riß sich loß und verdrückte sich hastig.

Die Weiße Frau kicherte hinter ihm her.

In den nächsten Tagen war Juppi seltsam kleinlaut. Und Andrea sagte zu ihrem Onkel: „Du solltest abspecken. In dein weißes Nachthemd paß' ich glatt dreimal hinein."

## Sandmännchen

„Am Abend kommt das Sandmännchen geflogen und streut den Kindern Sand in die Augen. Dann schlafen sie ein und träumen schön." Das erzählte mir meine Großmutter, als ich noch klein war.

Heute weiß ich, daß es eine ganze Menge Sandmännchen gibt. Ein einziges käme bei den Millionen Kindern auf der Erde an einem Abend nicht herum.

Die modernen Sandmännchen streuen auch keinen Sand aus. Sie erscheinen Leuten, die Bücher schreiben können, im Schlaf und flüstern ihnen Gutenachtgeschichten ins Ohr. Die schreiben die Bücherschreiber dann auf, und eure Mutti, die Oma, Vati oder Opa lesen sie euch vor. Oder ihr lest sie selbst. – Gute Nacht.

## Die Mondfischer

Wenn der Vollmond schien, träumte die Frau des Bürgermeisters von Dummsdorf immer dummes Zeug. Da sagte der Bürgermeister: „Bei klarem Wetter geht der Vollmond in unserem Dorfteich baden. Das nächste Mal fangen wir ihn."

In der nächsten Vollmondnacht liefen die Dummsdorfer zum Dorfteich. Dort spiegelte sich der Vollmond im Wasser.

Die Dummsdorfer warfen ein Netz aus – und der Mond verschwand (weil sich eine Wolke vor den Vollmond am Himmel geschoben hatte). Die Dummsdorfer leerten ihr Netz in eine Grube und füllten sie mit Erde ...

Wo Dummsdorf liegt, verrat' ich nicht. Die Mondfischer würden mich ganz schön verhauen.

## Der Dieb und die Englein

Weil Herr Müller schlecht einschlafen konnte, trank er jeden Abend einen Schlaftrunk. – Diesmal schlief er ohne ihn ein ...

Um Mitternacht stieg ein Dieb durch das Schlafzimmerfenster. Er hörte Herrn Müller schnarchen und knipste seine Taschenlampe an. Auf dem Nachtkästchen sah er ein gefülltes Wasserglas stehen. Weil er Durst hatte, leerte er es in einem Zug.

Das Schlafmittel wirkte rasch. Der Dieb sank auf den Teppich. Er träumte, er sei im Himmel und putzige Englein schwirrten um ihn herum.

Am Morgen weckten ihn zwei Polizisten, die Herr Müller gerufen hatte. Sie brachten den Gauner ins Kittchen.

## Eine Wichtelgeschichte

Hundert Wichtel mit hundert Pferdchen kamen an einen Fluß. Der Wichtelfährmann konnte in seinem Boot immer nur einen einzigen Fahrgast ans andere Ufer rudern. – Er brachte den ersten Wichtel hinüber und ruderte zurück. Dann brachte er das Pferdchen des ersten Wichtels hinüber und ruderte zurück.

Dann brachte er den zweiten Wichtel hinüber und ruderte zurück. Dann brachte er das Pferdchen des zweiten Wichtels hinüber und ruderte zurück.

Dann brachte er den dritten Wichtel hinüber und ruderte zurück ...

So geht es weiter, bis alle hundert Wichtel und ihre Pferdchen drüben sind. – Wem das nicht reicht, soll sie wieder zurückrudern lassen.

16

## Der Mann im Mond

Wenn der Vollmond am Himmel steht, sieht man in der Mitte der strahlenden Scheibe einen dunklen Fleck. „Das ist der Mann im Mond", sagten die Leute in alter Zeit. Damals galt jeder, der am Sonntag schwer arbeitete, als großer Sünder.

„Der Mann im Mond schleppte an einem Sonntag ein schweres Holzbündel nach Hause", erzählten die Leute damals. „Zur Strafe dafür wurde er auf den Mond verbannt. Dort muß er sein Bündel tausend Jahre lang tragen – zur Warnung für alle, die den Sonntag zum Arbeitstag machen."

Inzwischen sind Astronauten auf dem Mond gewesen. Den Mann mit dem Holzbündel haben sie nicht gesehen.

## Die Meise und der Fichtenbaum

Die kleine Meise jammerte kläglich. „In meinem Magen ist ein Fichtenbaum drin", klagte sie. „Und für den Fichtenbaum ist mein Bauch zu klein."

„Das gibt es nicht", sagte die Meisenmutti. „Doch, Mami!" rief die kleine Meise. „Ich hab' einen Fichtensamen gegessen. Und du hast mir erzählt, daß aus so einem Samen ein ganz großer Fichtenbaum wächst."

„Aber doch nicht nicht in deinem Magen und nicht so schnell", sagte die Meisenmutti. Sie streichelte die kleine Meise mit dem Flügel und zwitscherte ihr ein Liedchen vor.

Da tat der Bauch gar nicht mehr weh. Die kleine Meise machte die Augen zu und schlief ein.

## Die Prinzessin auf der Erbse

Es war einmal ein Prinz, der wollte nur eine richtige und sehr zarte Prinzessin heiraten. Um sie zu finden, reiste er weit in der Welt umher, doch keine Prinzessin war ihm zart genug. Traurig kehrte er in das Schloß seines Vaters zurück.

An einem stürmischen Abend klopfte es an das Schloßtor. Der alte König öffnete selbst. Draußen stand eine vom Regen völlig durchweichte junge Dame. Sie sagte, daß sie eine richtige und sehr zarte Prinzessin sei.

Das werde ich feststellen, dachte die alte Königin. Sie ging in die Gästeschlafkammer, nahm alles Bettzeug weg und legte eine Erbse auf den Boden des Bettgestells. Dann schichtete sie zwanzig Matratzen und zwanzig Daunendecken darauf. In diesem Bett sollte die Prinzessin schlafen ...

Am nächsten Morgen fragte die alte Königin, wie die Prinzessin geruht habe. „Schrecklich unbequem", antwortete diese. „Im Bett lag etwas Hartes, das mich grün und blau gedrückt hat."

Da sagte die alte Königin: „Du bist eine richtige und sehr zarte Prinzessin, weil du durch zwanzig Matratzen und zwanzig Daunendecken hindurch eine einzige Erbse gespürt hast." Und der Prinz heiratete die Zarte.

Die Erbse wurde vergoldet und kam ins Museum. Dort liegt sie heute noch, wenn sie niemand gestohlen hat.

*(Einem Andersen-Märchen nacherzählt)*

## Der Affe und der kleine Prinz

Eine bayerische Sage erzählt von einem Herzog, der einen zahmen Affen in seiner Burg hielt.

Des Herzogs jüngster Sohn lag noch in der Wiege.

Eines Tages, als die Magd die Kinderkammer verlassen hatte, kam ein Schwein bis zur Wiege und wollte den kleinen Prinzen packen. Zum Glück war der Affe da. Er riß das Kind an sich und kletterte mit ihm auf den Burgturm hinauf. Dort wiegte er es in den Armen und schnatterte dazu. Die Leute, die es sahen, hielten den Atem an. – Nach einiger Zeit kehrte der Affe zurück und legte das Kind wieder in die Wiege.

Zum Dank dafür ließ ihm der Herzog ein Denkmal setzen.

## Der Kasperl überlistet den Teufel

Der Kasperl saß im Gasthaus und hatte kein Geld. Da kam der Teufel herein. Er bestellte Braten und Wein. Dem Kasperl lief das Wasser im Mund zusammen. Der Teufel sagte: „Ich zahl' dir ein Festessen, wenn du danach mit mir zur Hölle fährst."

„Zahlst du auch, wenn du mein Rätsel nicht löst?" fragte der Kasperl. – „Ja", sagte der Teufel, denn er war ein guter Rätselrater. Der Kasperl schmunzelte. „Dann sag mir, wo ich dich mit einem Heiligenschein gesehen habe."

„Mit einem Heiligenschein?" knurrte der Teufel. „Brrr! Das gibt es nicht!"

„Doch", sagte der Kasperl. „So hab' ich dich im Traum gesehen. Und jetzt bestell mir das Festessen."

19

# Eine Pudelgeschichte

Es war einmal ein Pudelkind, das hatte eine Mammi. Das war die Pudelkindmammi.

Und die Pudelkindmammi trug ein Halsband um den Pudelkindmammihals. Das war das Pudelkindmammihalsband.

Und an dem Pudelkindmammihalsband hing eine Blechmarke. Das war die Pudelkindmammihalsbandblechmarke.

Und in die Pudelkindmammihalsbandblechmarke war eine Nummer eingeprägt. Das war die Pudelkindmammihalsbandblechmarkennummer.

Wozu die Pudelkindmammihalsbandblechmarkennummer gut war?

Paß auf.

Wenn sich die Pudelkindmammi einmal verlaufen hatte und nicht mehr nach Hause zurückfand, dann konnte der Pudelkindmammifinder an der Pudelkindmammihalsbandblechmarkennummer erkennen, wohin die Pudelkindmammi gehörte.

Alles klar?

Nein?

Dann lies die Geschichte noch dreimal durch oder laß sie dir noch vier-, fünf-, sechsmal vorlesen.

Wetten, daß du dann das Bandwurmwort „Pudelkindmammihalsbandblechmarkennummer" aufsagen kannst, ohne dazwischen Luft zu schnappen?

Aber sicher – sogar im Schlaf!

Also dann: Augen zu und – Pudelkindmammihalsband ...

Das genügt. Gute Nacht und träumt recht schön.

## Der Berg der Weisheit

Der alte Ali war einer der klügsten Lehrer in ganz Ägypten. Eines Tages fragte ihn ein Schüler: „Wie kann ich schnell gescheit werden, ohne daß ich meine Nase in Bücher stecken und lernen muß?"

Der kluge Ali antwortete: „Mitten im Traumland erhebt sich der Berg der Weisheit. Auf ihm entspringt eine Quelle. Wer daraus trinkt, weiß alles, was ein Mensch wissen muß. Den Weg dorthin zeigt Allah seinen Auserwählten im Schlaf."

„Und den nicht Auserwählten?" fragte der Schüler.

Der kluge Ali lächelte. „Den nicht Auserwählten schickt er Lehrer wie mich."

## Der Kasperl und das Krokodil

Der Kasperl saß am Fluß und plätscherte mit den Füßen im Wasser. Da packte ihn das Krokodil beim großen Zeh. Der Kasperl konnte sich nicht wehren, weil er seinen Knüppel zu Hause vergessen hatte. Er schloß die Augen.

„Jetzt hab' ich dich!" zischte das Krokodil. „Du bist ja gar nicht da", spottete der Kasperl. „Ich hab' die Augen zu und seh' dich nicht. Was ich nicht sehe, ist nicht da."

„Ich seh' dich aber", knurrte das Krokodil. Der Kasperl lachte. „Wenn du die Augen schließt, bin auch ich nicht da." Das Krokodil schloß die Augen. Und weil es den Kasperl nicht mehr sah, ließ es ihn los. Der Kasperl sprang auf, rief: „Äätsch!" und rannte davon.

## Das sprechende Pferd

Vor langer Zeit lebte in einem Waldgasthaus ein Wirt, der von durchreisenden Gästen viel zuviel Geld für schlechtes Essen, sauren Wein und Übernachtung in verstaubten Schlafkammern verlangte. Wer sich beschwerte, wurde hinausgeworfen.

Eines Abends kam ein vornehmer Mann auf einem wunderschönen Pferd angeritten. Er verlangte zu essen, zu trinken und Unterkunft für sich und sein Tier. Das Pferd gefiel dem Wirt, er wollte es haben. Deshalb mischte er dem Fremden einen Schlaftrunk in den Wein.

In der Nacht schlichen der Wirt und sein Knecht zu dem Betäubten. Sie nahmen ihm Geld und Schmuck, ja sogar die Kleider ab.

Dann warfen sie ihn in einen ausgetrockneten Brunnenschacht.

Am anderen Morgen ging der Wirt in den Stall, um das Pferd zu füttern. Doch wie erschrak er, als es mit menschlicher Stimme sagte: „Ich esse keinen Hafer. Ich esse nur Gebratenes und Gebackenes." Dann verwandelte es sich in eine Elster und flog davon. Schreiend lief der Wirt aus dem Stall.

Das Geld, der Schmuck und die Kleider des Fremden waren verschwunden, und im Brunnenschacht lag Pferdemist.

Der Mann, der den räuberischen Wirt so bestraft hatte, war Rübezahl gewesen, der mächtige Berggeist des Riesengebirges.

22

## Wie der Nikolaus zu uns kommt

Der 6. Dezember ist „der Nikolaustag". Am Abend vorher stellen manche Kinder einen Schuh vor die Tür. Der ist am nächsten Morgen mit Äpfeln, Nüssen und Süßigkeiten gefüllt. „Die hat der Nikolaus gebracht", sagen die Leute ...

„Ich möchte bloß wissen, wie er zu uns kommt", meinte Onkel Heinrich. „Vom Himmel zur Erde und wieder zurück könnte er mit einem Flugzeug fliegen, aber damit von Haus zu Haus fahren bestimmt nicht."

„Er kommt mit einem Lastauto, das fliegen und fahren kann", sagte der kleine Peter. „Das hab' ich auf einem Plakat gesehen. Vorne sitzt der Nikolaus, hinten liegen die Geschenke."

## Das Feuerwerk

Die kleine Helene hätte gar zu gern das Feuerwerk gesehen, das zu Beginn des neuen Jahres über der ganzen Stadt funkelte. Leider hielt Vati nichts davon. Er sagte, da würden Millionen Mark verpulvert, die besser für Arme und Hungernde ausgegeben werden sollten. Mutti redete ihm gut zu, und er brummte: „Meinetwegen soll sie den Rummel ansehen."

Helene jubelte. – Dann schlief sie zehn Minuten vor Neujahrsbeginn so fest ein, daß sie nicht wachzurütteln war. – Am Neujahrsmorgen sagte Vati: „Ich werde hundert Mark für hungernde Kinder spenden und auf den Spendenzettel deinen Namen schreiben."

„Danke, Vati", sagte Helene.

## Purzel

Auf dem Volksfestplatz stand Ballermanns Schießbude. „Jeder Schuß nur eine Mark!" rief Herr Ballermann aus.

In den Tonröllchen, die der Schütze treffen sollte, steckten Papierblumen, bunte Pappschmetterlinge und Glücksschweinchen aus Blech. Für jedes genügte ein einziger Treffer.

Der Hauptpreis war ein Teddybär, der an 36 Röllchen hing. Wenn ihn Herr Ballermann auf den Bauch drückte, verdrehte der Teddy die Augen und sagte: „Brumm."

Die kleine Monika war mit ihrem Opa auf den Festplatz gekommen. „Schieß mir den Teddy", bettelte sie. „Bitte."

„Ich würde zu oft danebenknallen", meinte der Opa. „Das käme zu teuer."

„Ich hab' doch heute Geburtstag", schluchzte Monika, und der Opa erbarmte sich.

Der erste Schuß ging daneben, beim zweiten kippte eine Papierrose um. Monika kniff die Daumen ein. Mit den nächsten Schüssen traf Opa fünf Teddyröllchen. Dann folgten Treffer und Fehlschüsse rasch aufeinander – bis der Teddy nur noch an einem einzigen Röllchen hing.

Peng! Es zersprang. Der Teddy purzelte zu Boden. Opa bezahlte 47 Mark, weil er elfmal vorbeigeballert hatte.

„Mein Teddy heißt Purzel, weil er heruntergepurzelt ist", sagte Monika. Und weil sie ihn an sich drückte, verdrehte er die Augen und sagte: „Brumm."

## Der Löwe und die Maus

Ein Löwe hatte eine Maus gefangen. Schon leckte er sich die Lippen, da sagte das Mäuslein: „Was hättest du von einem so winzigen Bissen wie mir. Laß mich am Leben. Vielleicht kann ich dir einmal aus der Not helfen."

„Du mir?" spottete der Löwe. Doch weil ihm die Worte des Mäusleins gefielen, gab er es frei ...

Kurz darauf lief er in ein starkes Netz, das Tierfänger ausgelegt hatten. Je mehr er sich wehrte, desto fester zogen sich die Stricke zusammen. Er brüllte in höchster Not.

Da lief das Mäuslein heran, nagte mit seinen scharfen Zähnchen ein Loch in das Netz, und der Löwe entkam.

(Einer alten Fabel nacherzählt)

## Edi und das Nachtgespenst

„Langfinger-Edi klaut, was er kriegen kann, und fürchtet sich vor gar nichts", behaupteten seine Freunde. Das stimmte nicht ganz. Edi fürchtete sich vor Gespenstern.

Als er um Mitternacht in die Maier-Villa einstieg, erschrak er zu Tode. Ein Gespenst in einem langen weißen Gewand kam aus einem Zimmer. In der Hand hielt es eine flackernde Kerze. Edi floh entsetzt.

Am nächsten Morgen wurde er verhaftet. Er hatte in der Villa seinen Paß und seine Brieftasche verloren.

Und Frau Maier sagte: „Wie schön, daß ich nicht den neuen Schlafanzug getragen habe, sondern das lange weiße Nachthemd."

# Die seltsame Frucht

Dem Ritter Kunibert schmeckte kein Essen mehr. Sogar eine Wildschweinkeule mit Brombeersoße schob er von sich. „Was wollt Ihr denn essen, Herr?" stöhnte die Burgköchin.

„Ich träumte von einer seltsamen Frucht", antwortete der Ritter. „Sie ist gelb, langgestreckt, leicht gebogen, und die Schalen lassen sich fächerförmig abziehen. Das Fruchtfleisch schmeckt süßlich und läßt sich im Munde zerdrücken."

„Er spinnt", sagten die Leute in der Burg.

Der Ritter Kunibert träumte weiterhin von der köstlichen Frucht. Wenn er am Morgen erwachte, schluckte er das Wasser, das ihm vor Appetit im Munde zusammengelaufen war. – Da erschien ihm ein Geist im Traum. Er hielt die seltsame Frucht in der Hand und sagte: „Sie heißt Banane und wächst in fernen Ländern. Erst in einigen hundert Jahren wird sie in dein Land kommen."

„Schade", murmelte der Ritter im Traum.

„Du sollst sie genießen", sagte der Geist. „Du wirst so lange herumgespenstern, bis du genug Bananen verdrückt hast."

Und so geschah es. Als Gespenst futtert Ritter Kunibert von jedem Bananenstand eine Banane herunter.

Er wird noch lange sehr gespenstern, denn die Bananen schmecken ihm immer besser.

## Die verhexten Hosenbeine

In Schilda, wo die ulkigen Schildbürger wohnten, lebte auch der Schneider Nadelmann. Eines Tages ließ sich der Bürgermeister eine Hose von ihm anmessen.

Als er das neue Stück dann anprobierte, waren die Hosenbeine zu kurz geraten. „Bis zum Abend mach' ich sie kürzer", versprach der Schneider.

Dann waren sie noch immer zu kurz „Bis morgen", sagte Nadelmann, schnitt sie noch einmal ab – und wieder paßten sie nicht.

Dasselbe geschah ein drittes Mal. Da rief der Schneider: „Die Hose ist verhext! Jetzt hab' ich die Beine schon dreimal abgeschnitten, und immer noch sind sie zu kurz!"

## Was ein alter Chinese erzählte

Vor langer Zeit wanderte ein Meister mit seinem Schüler durch das Land. Da lag ein Hufeisen am Wege. „Du solltest es aufheben", sagte der Meister. „Nach diesem rostigen Ding bücke ich mich doch nicht", murrte der Schüler. Da hob es der Meister auf, gab es dem nächsten Dorfschmied für eine Kupfermünze und kaufte eine Weintraube dafür.

Dann wanderten sie durch Wüstenland. Durstig stolperte der Schüler hinter dem Meister her. – Da ließ dieser eine Weinbeere fallen. Der Schüler bückte sich danach und aß sie auf. – Das wiederholte sich, bis der Durstige alle Beeren gegessen hatte. – Da sagte der Meister: „Nach dem Hufeisen hättest du dich nur einmal bücken müssen."

## Klingeling für Bratenduft

Der Spitzbub Till Eulenspiegel kam zu einem geizigen Gastwirt und bat: „Laßt mich an Eurem Kachelofen sitzen, damit ich mich wärme." – Als das Essen für die anderen Gäste aufgetragen wurde, fächelte er sich den Bratenduft in die Nase.

„Wollt Ihr nicht auch eine Mahlzeit bestellen?" fragte der Wirt.

„Nein", antwortete Eulenspiegel, „der Bratenduft hat mich gesättigt."

„Dann bezahlt mir den Duft!" knurrte der Wirt.

Eulenspiegel warf eine Münze auf den Tisch, und sie klingelte. „Mit diesem Klingeling bezahle ich den Bratenduft", spottete Eulenspiegel, steckte die Münze ein und ging.

## Zwickezwack

Der Waldgeist Hubuk hatte einen eisernen Roboterzwerg zusammengebaut. Er nannte ihn „Zwickezwack".

Schon lange hatte sich Hubuk darüber geärgert, daß immer mehr Menschen durch seinen Wald trampelten, Krach machten und das Wild vergrämten. Jetzt sollte sie Zwickezwack in den Popo zwicken und aus dem Wald vertreiben. – Und so geschah es. Zwickezwack zwickte zu und verschwand so schnell, wie er aufgetaucht war. Bald fürchteten die Leute den Hubukwald.

Dann kam der Spätherbst mit sehr viel Regen. – Zwickezwack konnte sich nicht mehr bewegen und rostete ein.

Warum? – Weil Hubuk vergessen hatte, die Robotergelenke einzuölen.

## Warum sich der Dackel dreht

Bettinas Dackel dreht sich vor dem Schlafengehen ein-, zweimal um sich selbst, bevor er sich niederlegt.

„Warum?" fragt Bettina ihren Opa.

Der weiß Bescheid. „Alle Hunde stammen von Steppenhunden ab", erklärt er. „In der Steppe wächst hohes Gras. Bevor sich die Hunde dort schlafen legten, drehten sie sich so lange, bis sie ein weiches Lager zusammengedrückt hatten. Dieses Niedertreten vererbten sie ihren Nachkommen bis heute."

„Ich lege mich beim Schlafengehen zuerst auf den Rücken, dann auf die linke und dann auf die rechte Seite", sagt Bettina. „Ob ich das von den Steppenmenschen habe?"

„Schon möglich", sagt der Opa.

## Der Mann im Fisch

„Schon in uralter Zeit fuhr ein Mann in einem U-Boot", erzählte Onkel Herbert. „Er hieß Jonas, und das U-Boot war ein Fisch."

„Quatsch", brummte Peter.

„Es steht in der Bibel", sagte der Onkel. „Jonas war ein frommer Mann, der den Leuten vom lieben Gott erzählte. Eines Tages fuhr er auf einem Schiff, das im Sturm unterging. Da schickte der liebe Gott einen riesigen Fisch, der den frommen Mann verschluckte. – Mit Jonas im Bauch schwamm der Fisch wie ein U-Boot zur Küste. Dort spie er Jonas ans Land.

Der Gerettete erzählte den Leuten vom lieben Gott, der aus jeder Not helfe; und sie glaubten ihm."

## Drei schwere Proben

Ein Zauberer hatte eine Königstochter entführt. Er wollte sie erst freigeben, wenn ein Mann drei schwere Proben für sie bestand. – Das wagte ein junger Musikant. Auf dem Weg zum Zauberschloß kam er an einen Ameisenhaufen. Er wich den Tierchen aus und gab acht, daß er keines zertrat. – Kurz darauf fütterte er zwölf Entchen mit Brotkrumen. Und als er zu einem Bienenstock kam, ließ er die Bienchen in Ruhe, obwohl er Appetit auf Honig hatte.

Der Zauberer erwartete ihn schon. Er streute Leinsamen aus einem Fäßchen auf die Schloßwiese. Nach einer Stunde sollte der Musikant jedes Körnchen aufgesammelt haben. Zum Glück halfen die Ameisen. Sie trugen alle Körnchen in das Fäßlein zurück. – Wütend warf der Zaube-

rer zwölf goldene Schlüssel in den Schloßteich; die sollte der Musikant herausholen. Das taten die zwölf Enten.

Jetzt zerrte ihn der Zauberer in einen Saal. Dort saßen drei vermummte Gestalten. „Wähle die Richtige", zischte der Böse. Da flogen die Bienen herein. Der rechten und linken Gestalt wichen sie aus. Die waren Drachen und rochen nach Schwefel. „Die Mittlere", summten die Bienchen. Das war die Prinzessin. Sie duftete nach Honig. „Ich wähle die Mittlere", sagte der Musikant.

Der Zauberer und die Drachen fuhren in die Tiefe.

Die Prinzessin war befreit. Der König belohnte den Retter mit Gold und einer silbernen Flöte dazu.

## Das verschobene Rathaus

Die Nixgripser merkten, daß ihr Rathaus zu sehr im Schatten lag. Sie beschlossen, es auf die Sonnenseite zu schieben. Alle kamen, um mitzuhelfen. Der Bürgermeister legte seine Jacke auf den Boden. „Bis hierher muß es geschoben werden", sagte er.

Die stärksten Männer stemmten sich gegen das Rathaus, die anderen riefen: „Hauruck!!" Das Rathaus bewegte sich nicht. Ein Landstreicher, der zufällig vorbeikam, sah die Jacke am Boden liegen und klaute sie.

Als die Nixgripser eine Verschnaufpause einlegten, merkte einer, daß die Jacke fehlte. „Hört auf, Leute!" rief er. „Das Rathaus steht schon auf der Jacke!" Da freuten sich alle.

## Der fremde Geruch

In Paris gibt es viele Clochards (sprich „Kloschars"). Das sind Obdachlose, die meist unter Brücken wohnen. Einer von ihnen war der alte Pierre (sprich „Pjär"). Sein bester Freund war der Mischlingshund Coco. Der war fast blind und hörte schlecht. Nur seine Nase war gut. Er roch sein Herrchen auf weite Entfernung.

Einmal mußte der Alte für einige Tage ins Krankenhaus. Als er zurückkam, knurrte Coco ihn an. – Warum?

Im Krankenhaus war Pierre gebadet und mit Seife abgeschrubbt worden. Jetzt erkannte ihn Coco wegen des fremden Geruchs nicht wieder.

Es dauerte eine Weile, bis der alte Geruch wieder da war.

# Das Zauberwasser

Ein junger König, der von seinem bösen Bruder vertrieben worden war, kam eines Tages zu einem Feigenbaum. Als er die erste Frucht gegessen hatte, wuchs seine Nase zu einem unförmigen Rüssel an. Erschrocken lief er zum nächsten Teich, wusch sein brennendes Gesicht – und die Nase schrumpfte zusammen.

Der junge König zog alte Kleider an, füllte seine Wasserflasche mit Teichwasser und seinen Hut mit Feigen. Dann wanderte er nach Hause. Niemand erkannte ihn. „Frische Feigen für zwölf Dukaten!" rief er vor seinem Schloß.

Die Frau des bösen Königs schickte eine Magd hinunter, um die Früchte zu kaufen. Eine gab die Königin ihrem Gemahl, drei aß sie selbst, vier schenkte sie ihren Hofdamen. – Wie erschraken sie, als ihre Nasen zu Rüsseln wurden!

Der junge König verkleidete sich als Zauberdoktor. Am nächsten Morgen ging er zu seinem bösen Bruder und sagte: „Ich habe von euren Nasen gehört. Ich kann sie wegzaubern."

Er betupfte die Nasen der Hofdamen mit dem Teichwasser, und die Rüssel schrumpften ein.

„Her damit!" rief der falsche König. Da gab sich sein Bruder zu erkennen.

„Ich schenke dir das Zauberwasser, wenn du und deine Frau mein Land für immer verlaßt", sagte er streng.

„Einverstanden", knirschte der Böse. Und so ging alles gut aus.

(Einem slawischen Märchen nacherzählt)

## Der kluge Narr

Ein König liebte sein altes Schlachtroß über alles. Und er drohte: „Wer mir meldet, daß es tot ist, den lasse ich in den finstersten Kerker werfen!"

Als das Pferd starb, war der Stallmeister verzweifelt. „Warum bist du so traurig?" fragte der Hofnarr. „Wenn ich dem König den Tod des Pferdes melde, bin ich verloren", klagte der Stallmeister. „Ich helfe dir", versprach der Narr. Er ging zum König und sagte: „Majestät, das alte Roß atmet nicht mehr."

„Dann ist es tot!" rief der König. „Das sollst du mir büßen!"

„Daß es tot ist, habt *Ihr* gerufen", sagte der Narr. „Nun bestraft Euch selbst." – Da lächelte der König und warf dem Narren ein Goldstück zu.

## Der Rabe und der Fuchs

Eine alte Fabel erzählt:

Ein Rabe saß auf einem hohen Baum und hatte ein Stück Fleisch im Schnabel. Da kam ein Fuchs vorbei, der hätte den Leckerbissen gern bekommen. Er stellte sich unter den Baum und sprach zu dem Raben hinauf: „Du hast nicht nur wunderschöne schwarze Federn, sondern auch eine herrliche Stimme. Das sagte mir der Wolf. Ich liebe schönen Gesang und bitte dich, mir eines deiner Lieder vorzutragen."

Der Rabe war geschmeichelt. Er öffnete den Schnabel, um zu singen, – und das Fleisch fiel zu Boden.

„Danke, du krächzender Dummkopf!" rief der Fuchs, schnappte die Beute und verschwand damit.

## Das Wunder von Kana

Als Jesus von Nazareth auf Erden lebte, waren er, seine Jünger und seine Mutter Maria Gäste einer Hochzeit in dem Städtchen Kana. Das Fest dauerte mehrere Tage lang.

Da ging der Wein zu Ende. Maria merkte es zuerst und flüsterte ihrem Sohn zu: „Sie haben keinen Wein mehr."

„Warum erzählst du mir das?" fragte Jesus.

Maria fühlte, daß er mitleidig gestimmt war, und sagte zu den Dienern: „Tut alles, was er befiehlt."

In einer Ecke des Hofes standen sechs große steinerne Krüge, die sonst Reinigungswasser enthielten. „Füllt diese Krüge mit Brunnenwasser", befahl Jesus den Dienern.

Sie gehorchten und schöpften die Krüge randvoll.

Jesus befahl weiter: „Füllt einen Becher davon und bringt ihn dem Speisemeister." (Das war der Mann, der prüfen mußte, ob Speisen und Getränke in Ordnung waren.)

Als er jetzt kostete, war das Brunnenwasser in besten Wein verwandelt.

Und der Speisemeister sprach zum Bräutigam: „Warum hast du diesen herrlichen Wein bis jetzt aufgehoben?"

Das war das erste Wunder Jesu. Die Kunde davon verbreitete sich im ganzen Land.

## Der Kirschbaum
von Meransen

Vor vielen hundert Jahren verbreiteten die wilden Reiterscharen des Hunnenkönigs Attila Angst und Schrecken in unseren Ländern.

Eine hunnische Reiterhorde brach mordend und brennend auch in das Südtiroler Pustertal ein.

Im letzten Augenblick retteten sich drei gottesfürchtige Mädchen auf die Meranser Höhe. Völlig erschöpft, von Hunger und Durst gequält, flehten sie den Himmel um Beistand an.

Da sprang ein murmelnder Quell aus dem Gestein, und ein Kirschbaum mit saftigen Früchten wuchs aus der Erde ...

„Jungfernrast" sagen die Leute zu dieser Stelle.

## Die Niete

Die einst so berühmten Fußballer von Dingsda kämpften jetzt gegen den Abstieg. Zum letzten Spiel mußten sie gegen einen viel besseren Verein antreten und unbedingt gewinnen. Zu allem Unglück war auch noch der beste Stürmer ausgefallen. Für ihn mußte der Trainer einen Ersatzmann einsetzen, der bisher nur versagt hatte.

„Wenn wir mit dieser Niete gewinnen wollen, müßte ein Wunder geschehen". seufzte der Trainer. Der Spielführer stimmte ihm zu.

Das Wunder geschah.

Die Gegenspieler schossen kein einziges Tor. Den Siegestreffer zum Nichtabsteigen donnerte in allerletzter Minute – „die Niete" ins Netz.

## Guten Appetit

Drei Tierforscher machten einen Versuch mit einer Affenherde. In einem Tiergarten ließen sie sich mitten im Schimpansengehege in einen vergitterten Käfig sperren.

Die Affen strichen um den Käfig herum, betasteten ihn und schnatterten. – Als die Wärter dann das Schimpansenfutter brachten, geschah Seltsames. Das stärkste Affenmännchen reichte den Forschern eine Banane durch die Gitterstäbe. Die anderen Affen machten es ihm sofort nach. Sie boten den eingeschlossenen Menschen von ihrem Futter an.

Als die Männer danach griffen, lärmten die Schimpansen fröhlich, und einige schlugen Purzelbäume.

## Randi und der Elefant

Elefanten vergessen lange nicht, wer ihnen Böses getan hat. Das bekam der Schneiderjunge Randi zu spüren. Er wohnte in einem indischen Dorf, saß meist auf dem Tisch vor dem Schneiderhaus und arbeitete dort mit Nadel und Faden.

Jeden Morgen ritt ein Treiber auf einem Arbeitselefanten vorbei. Diesen Koloß neckte Randi besonders gern. Er hielt ihm eine Frucht hin, und wenn das Tier danach griff, zog er sie ihm weg. Einmal stach er es mit der Nadel in die empfindliche Rüsselspitze.

Eine Woche später saugte der Elefant seinen Rüssel voll Wasser. Als er zu Randi kam, pustete er dem Quälgeist die ganze Ladung ins Gesicht.

„Bravo!" riefen die Leute.

## Kater Peter

Bei schönem Sommerwetter frühstückte Frau Müller gern im Garten. Dann leistete ihr Kater Peter Gesellschaft. Die beiden waren Freunde.

Einmal regte sich Frau Müller über Peter allerdings auf. Sie warf ihm eine Kartoffel nach, weil er ihr ein halbes Hähnchen vom Grill stibitzt hatte.

Zwei Tage lang ließ sich der Kater nicht blicken. Am Morgen des dritten Tages lagen drei fette Mäuse auf dem Frühstückstisch. Neben dem Tisch saß Peter und sagte: „Miau." – Frau Müller wußte, daß das „Entschuldige wegen des Hähnchens" hieß. „Schon gut, Peterle", sagte sie gerührt und strich dem Kater über den Kopf.

## Das Rabenaas

Herr Hannemann bewunderte Möwen; erstens, weil sie so durchdringend schreien, zweitens, weil sie so elegant segeln können. Jetzt mag er sie nicht mehr. – Wieso?

Herr Hannemann war wieder einmal an die Nordsee gefahren. In einem kleinen Hafen kaufte er an einer Imbißbude ein Fischbrötchen. Als er es essen wollte, schoß eine Möwe heran, riß es ihm dicht vor dem Mund aus der Hand und zischte ab.

„Du Rabenaas!", schrie Herr Hannemann. „Gib's zurück!"

Die Möwe ließ etwas anderes fallen und segelte mit dem Leckerbissen weiter. (So ist es tatsächlich geschehen. Ich habe es beobachtet.)

# Der Geist des heilenden Wassers

Im Morgenland – das ist da, wo die Sonne aufgeht, – lebte vor langer Zeit ein Waisenjunge, der um Almosen bettelte. Niemand wollte ihn haben, weil er zu keiner Arbeit taugte. Seine Arme und Hände waren fast gelähmt, er konnte sie nur mühsam bewegen.

Traurig saß er eines Tages am Ufer des Meeres. Da spülten die Wellen eine Flasche an Land. Als sie der Junge aufhob, hörte er eine Stimme: „Laß mich raus, ich werde dich belohnen."

„In Allahs Namen", sagte der Junge. Mühsam entfernte er den Korken.

Aus dem Flaschenhals stieg dichter Rauch in die Höhe und ballte sich zu einer riesigen Gestalt zusammen. „Ich bin der Geist des heilenden Wassers!" rief der Riese mit dröhnender Stimme. „Ein Zauberer verbannte mich in diese Flasche! Du hast mich befreit! Zum Dank erfülle ich dir einen Wunsch! Wähle gut!"

Der Junge überlegte nicht lange. „Wenn du kannst, mach mich gesund", bat er – und schon fühlte er sich gepackt und in rasendem Flug durch die Luft getragen. Dann tauchte ihn der Geist in das Wasser eines einsam gelegenen Teiches.

Das Wunder geschah, die Lähmung verflog. Der Geist trug den Geheilten in die Nähe einer fremden Stadt.

Es dauerte nicht lange, bis der gesunde, kräftige Junge Arbeit bekam und nicht mehr betteln mußte.

## Das Wasser des Lebens

Vor langer Zeit liefen die Hummelstädter zur Jahrmarktbude eines Wunderdoktors. Er verkaufte das Wasser des Lebens. „Wer es trinkt, wird hundertzwanzig Jahre alt!" schrie er und machte ein tolles Geschäft.

Da entdeckte ihn der Doktor von Hummelstadt. „Bist du nicht der Schwindelmax?" fragte er spöttisch. „Womit betrügst du die Leute denn jetzt?" Er untersuchte das Lebenswasser und stellte fest, daß es mit etwas Honig vermischte Teichbrühe war.

Die Betrogenen bekamen ihr Geld zurück – und spendeten es dem städtischen Kinderheim. – So tat der falsche Doktor mit seinem Schwindelwasser auch etwas Gutes.

## Gute Nacht

Der Zauberer Aquarius wirft jeden Abend einen wunderschönen Traum ins Wasser.

Wenn ein Kind ihn dabei überrascht, darf es den Traum herausfischen und nach Hause mitnehmen.

Dann träumt es in der Nacht etwas sehr Schönes und lächelt im Schlaf.

Woher ich das weiß?

Die kleine Elisabeth hat es mir erzählt. Sie hat den Zauberer schon zweimal ertappt und zwei wunderschöne Träume nach Hause mitgenommen.

Vielleicht überraschst auch du den Zauberer einmal. Ich wünsche es dir und drück' dir die Daumen.

Gute Nacht.

## Sindbad der Seefahrer

Die alte arabische Märchensammlung „Tausendundeine Nacht" enthält auch die spannenden Abenteuer des Seefahrers Sindbad. Hier ist das erste, und er erzählt es selbst:

Nach dem Tode meines Vaters kaufte ich Waren ein, um sie anderswo mit Gewinn zu verkaufen. In der Hafenstadt Basra bestieg ich ein Segelschiff. Nach langer Fahrt legten wir an einer wunderschönen Insel an und gingen an Land. Im Schatten von Bäumen und Sträuchern machten wir Feuer und brieten Fische.

Da schrie der Kapitän: „Zum Schiff, Leute, zum Schiff! Die Insel ist ein riesiger Fisch, der seit ewiger Zeit im Meer feststeht! Auf seinem Rücken hat sich Sand abgelagert, und Sträucher und Bäume sind darauf gewachsen! Unsere Feuer tun ihm weh!"

Da tauchte das Ungeheuer auch schon unter und riß das Schiff mit in die Tiefe. Ich wurde ohnmächtig ...

Als ich erwachte, setzte ich mich auf ein treibendes Faß. Die Wogen schwemmten mich auf eine richtige Insel, deren König mich gastfreundlich aufnahm. Als er meine Geschichte gehört hatte, schenkte er mir Geld und ein Schiff, das mich nach Basra zurückbrachte.

Das, Freunde, war mein erstes Abenteuer. Das zweite erzähle ich euch nach meiner nächsten Seereise.

Gute Nacht.

## Der Zauberkasten

Ein weißer Forscher mußte mit seinem Flugzeug im brasilianischen Urwald notlanden. Indianer nahmen ihn auf. Sie lebten wie Menschen in uralter Zeit. Der Forscher lernte ihre Sprache. Bald verehrten sie ihn als Zauberer.

Jeden dritten Abend saßen sie vor seinem Zauberkasten. Was dort geschah, erklärte der weiße Mann in ihrer Sprache. Der Zauberkasten war ein tragbarer Fernsehapparat, die Geschichten kamen aus Kassetten. Der „Zauber" und Ersatzbatterien stammten aus dem Flugzeug ...

Nach einem Jahr kehrte der Forscher mit Freunden, die ihn gesucht hatten, in seine Heimat zurück. Dort schrieb er ein Buch über die Urwaldmenschen, deren Zauberer er gewesen war.

## Der Räuber Ratziputz

Ganz hinten im Märchenland haust der Räuber Ratziputz in seiner Räuberhöhle. Jeden Tag ißt er Bratkartoffeln, weil er nichts anderes braten kann.

Dabei gäbe es im Märchenland eine Menge Leckereien zu klauen, aber die mag Ratziputz nicht. Er raubt nur – Kinderbücher, am liebsten solche mit Gutenachtgeschichten. Die liest er zehnmal hintereinander durch. Dann bringt er die geklauten Bücher heimlich wieder zurück ...

Vor zwei Tagen erwischte ihn die Märchenlandpolizei, und er wurde eingesperrt.

Bis jetzt gefällt es ihm im Kittchen, weil er jeden Tag ein Kinderbuch zu lesen bekommt.

# Ein Schildbürgerstreich

Das Städtchen Schilda gibt es nicht mehr. Seine Einwohner waren die Schildbürger. Sie galten als Spinner. Über ihre Streiche lachten die anderen Leute im ganzen Land. Hier ist ein „Schildbürgerstreich".

An einem schönen Morgen spannte ein Schildbürger sein Pferd vor den Kutschwagen und fuhr mit seinem Sohn in die nahe Kreisstadt. Dort fragte er nach einem guten Lehrer. Die Leute wiesen ihn zu Meister Hirntobler, der eine berühmte Schule leitete.

„Euer Unterricht wird sehr gelobt", sagte der Schildbürger zum Schulmeister. „Deshalb möchte ich meinen Sohn von Euch gescheit machen lassen. Er ist zwanzig Jahre alt und blitzdumm. Bringt ihm bei, was ein kluger Mensch wissen muß. Ich zahle gut."

Der Schulmeister sah den Burschen an und meinte: „Es wird nicht leicht werden, aber ich werde mein Bestes tun. Wie lange soll denn der junge Mann bei mir bleiben?"

Der Schildbürger antwortete: „Ich werde essen gehen und einiges einkaufen. Das dauert bis zum Abend. Dann hol' ich ihn wieder ab. Bis dahin werdet Ihr ihn wohl gescheit gemacht haben."

„Bis zum Abend?" japste der Schulmeister. „Er müßte mindestens ein Jahr bei mir lernen."

Der Schildbürger schüttelte den Kopf. „Ein Jahr wär' zuviel verlorene Zeit. Da soll er lieber dumm bleiben und auf unserem Hof arbeiten wie bisher."

Der Sohn nickte heftig, und der Vater rief „Hüüh!", und sie fuhren nach Schilda zurück.

## Verkehrte Welt

Es war ein kalter Wintertag im August. Am Morgen, als die Sonne unterging, schnitt der Pudel Fifi seinem Frauchen die Haare. Nachbars Dackel Bello führte sein Herrchen an langer Leine gassi, und das Herrchen schnupperte überall herum.

Das Baby Susi legte den Opa in die Wiege, steckte ihm einen Mund in den Schnuller und wiegte ihn in den Schlummer.

Bei Müllers kochte die Kanne im Kaffee, und der Herd brutzelte auf den Spiegeleiern. Von einem Bauernhof krähte der Mist auf dem Hahn herüber, und die Eier legten fleißig Hühner.

Dann brachte die Weihnachtsfrau Ostereier, und Mutti sagte: „Jetzt ist aber Schluß mit dem Blödsinn!"

## Der Hase im Ei

Am Samstag vor Ostern stellte die kleine Nina das Osternest, das Mutti gebastelt hatte, unter die Tanne im Garten. Am nächsten Morgen lag ein großes Schokolade-Ei darin. Als Nina es aufhob, raschelte innen etwas. Sie lief in die Küche, schnitt die Eispitze ab, und da war ein kleiner Schokohase. „Wenn der Osterhase das Ei ausgebrütet hätte, wäre der kleine Hase lebendig und auch ein Osterhase geworden", sagte Nina zu Mutti. „Wenn Hühnereier ausgebrütet werden, schlüpfen ja auch Küken heraus. Das weiß ich von unserem Urlaub auf dem Bauernhof."

Mutti schmunzelte. „Iß nicht zuviel Schokolade, sonst kriegst du Bauchweh", sagte sie.

## Der vergessene Zauberspruch

„So, wie du jetzt aussiehst, muß ich mich für dich schämen", sagte der Oberzauberer Dominus zu dem alten Zauberer Miraculus. Der hatte zwei Eselsohren am Kopf und statt der Nase einen Elefantenrüssel im Gesicht. „Ich wollte den Kindern, vor denen ich zauberte, etwas Lustiges zeigen", murmelte er. „Über die Eselsohren und den Elefantenrüssel haben sie sich halbtot gelacht." Er seufzte tief. „Leider habe ich den Spruch vergessen, mit dem ich den Zauber wieder wegkriege."

„Da kann ich dir nicht helfen", sagte der Oberzauberer. „Für die Ohren und den Rüssel hast du einen Zauberspruch gewählt, den ich nicht kenne. Hast du ihn vielleicht jemand anderem verraten?"

„Nur dem Sandmännchen, das den Kindern Träume bringt", antwortete Miraculus. „Aber mit dem komme ich nie mehr zusammen."

„Vielleicht hat das Sandmännchen deinen Zauberspruch einigen Kindern in ihrem Traum gesagt", meinte der Oberzauberer. „Erscheine auch du ihnen im Traum und frag sie."

Mir hat das Sandmännchen den Spruch verraten; aber zu mir kommt der Miraculus nicht. Wenn er euch im Traum erscheint, dann sagt ihm: „Der Zauberspruch heißt: ‚Qui, qua, quäk – Rüssel ab und Ohren weg!'" – Wenn's geklappt hat, schreibt es mir. Ich halte euch und dem Miraculus die Daumen.

## Des Kaisers neue Kleider

Zwei Betrüger erzählten einem Kaiser, sie könnten Kleider machen, die dummen Leuten unsichtbar seien. Der Kaiser gab ihnen Gold und eine Kammer. Dort taten sie, als ob sie arbeiteten. Wenn der Kaiser und seine Minister vorbeischauten, sahen sie nichts. Weil sie aber nicht für dumm gelten wollten, bewunderten sie die Kleider, die es nicht gab ...

Einen Monat später zogen die Betrüger den Kaiser mit gar nichts an – und verdufteten. Als sich der Kaiser dem Volk zeigte, jubelten die Leute, weil niemand dumm sein wollte. „Er hat nur seine Unterhose an und seine Krone auf!" rief ein kleines Kind – und alle schämten sich.

*(Nach Hans Christian Andersen)*

## Die Nachtigall

Als China ein Kaiserreich war, lebte im kaiserlichen Garten eine Nachtigall. Sie sang wunderschön, und der Kaiser ernannte sie zur Hofsängerin.

Eines Tages schenkte ihm ein fremder Fürst eine künstliche, mit Edelsteinen besetzte Nachtigall. Wenn sie aufgezogen wurde, sang sie glockenhell. Der Kaiser verjagte die richtige Nachtigall und hörte nur noch der anderen zu ...

Nach einem Jahr machte es knacks. Der künstliche Vogel sang nicht mehr. Niemand konnte ihn reparieren. Vor Kummer wurde der Kaiser todkrank.

Da sang die richtige Nachtigall vor seinem Fenster. Am Morgen war der Kaiser gesund, und die Nachtigall blieb bei ihm.

*(Nach Hans Christian Andersen)*

## Die Stadtmaus und die Feldmaus

Eine Stadtmaus besuchte eine Feldmaus. Sie knabberten Körner, Eicheln und Haselnüsse. „Komm mit mir", sagte die Stadtmaus nach der Mahlzeit. „In der Stadt gibt es viel köstlichere Speisen." Die Feldmaus ging mit, und die Stadtmaus führte sie in eine Vorratskammer. Da gab es Wurst und Speck, Kuchen, Brot und Käse. – Plötzlich kam der Koch. Die Mäuse rannten um ihr Leben. – Als er gegangen war, fragte die Feldmaus, welche Feinde es hier sonst noch gebe. „Die Katze und Mausefallen", antwortete die Stadtmaus.

„Das ist mir zu gefährlich", sagte die Feldmaus. „Da lebe ich lieber bescheiden." Und sie kehrte aufs Feld zurück.

*(Einer alten Fabel nacherzählt)*

## Das Zwergenbrot

Der Holzfäller Veit setzte sich auf einen Baumstumpf und packte sein Brot aus. Da stand ein Zwergenweiblein vor ihm. „Gib mir von deinem Brot", bat es. „Meines steckt noch im Backofen, und meine Kinder haben Hunger."

„Nimm alles", sagte Veit gutmütig.

Das Weiblein dankte und ging. – Nach einer Stunde kam es zurück und brachte vier Zwergenbrote in einem Tüchlein. „Heb das Tüchlein gut auf", sagte es und verschwand ...

Seit jenem Tag ging es dem armen Schlucker Veit und seiner Familie viel besser. Sooft sie das Zwergentüchlein aufschlugen, lagen vier frische Brote darin.

*(Eine Sage aus dem Erzgebirge)*

46

## Der Angeber

Ein Gockelhahn stand auf dem Misthaufen, reckte sich, streckte sich und rief seinen Hennen zu: „Kikerikiii!! Ich bin der Herr! Seht meine blitzenden Augen, meine schönen bunten Federn und meinen stolzen Schweif! Bewundert den roten Kamm, den ich wie eine Krone trage!"

Er stelzte einige Schritte hin und her und rief weiter: „Bestaunt meinen königlichen Gang! Seht die Sporen an meinen Füßen, die mich zum Ritter machen! Ich bin ein Held!!"

Da flitzte ein kleiner Dackel heran und bellte. Der Gockelhahn flatterte vom Misthaufen herunter und rannte davon. „Angeber", gackerte ihm eine alte Henne hinterher.

*(Nach Robert Reinick)*

## Die Kohlentaler

Ein Bauer fuhr mit seinem Pferdegespann in die Stadt, um Kartoffeln zu verkaufen. Da sah er vor einem Wegkreuz einen Haufen glühender Kohlen liegen. Er stieg vom Wagen und stieß sie mit einem Stock auseinander. Dann stocherte er ein Stückchen heraus, um den Tabak in seiner Pfeife anzuzünden.

Wie staunte er, als sich das Kohlestückchen nach kurzer Zeit in einen Silbertaler verwandelte!

Der Bauer kehrte sofort um, doch die glühenden Kohlen waren verschwunden. Im Gras lagen allerdings viele Taler verstreut. Das waren die Stückchen, die der Bauer mit seinem Stock aus dem Kohlenhaufen hinausgestoßen hatte.

*(Eine Sage aus dem Spessart)*

47

# Eine große Eselei

Ein Mann und sein elfjähriger Sohn trieben einen Esel zum Viehmarkt. Da rief ihnen ein Bauer zu: „Wie könnt ihr nur so dumm sein! Ihr geht zu Fuß, und der Esel spaziert unbeladen vor euch her!"

Der Bauer hat recht, dachte der Mann und setzte seinen Sohn auf den Esel. Nach einer Weile sagte eine Frau: „Muß das faule Bürschchen reiten, während sein armer Vater nebenher geht?" – Der Mann hob seinen Sohn vom Esel und stieg selbst auf.

Kurz darauf schimpfte eine andere Frau: „Pfui über den faulen Alten! Er reitet, und der arme Junge muß ihm nachstolpern!" – Da nahm der Mann seinen Sohn vor sich auf den Esel.

„Wie könnt ihr das arme Tier so überladen!" wetterte etwas später ein Herr. – „Was soll ich denn noch tun?" murmelte der Mann. „Nie mache ich es jemandem recht."

Er überlegte lange, und schließlich fiel ihm doch etwas ein. Er und sein Sohn banden dem Esel die Füße mit Stricken zusammen, schoben eine Stange durch und trugen das Tier auf ihren Schultern.

Als sie dafür von allen Leuten verspottet wurden, regte sich der Mann so auf, daß er die Stricke zerschnitt und den Esel davonjagte. Ohne Esel und ohne Geld kehrte er mit seinem Sohn nach Hause zurück.

*(Nach August Gottlieb Meißner, 1782)*

## Omas Geburtstag

Für Omas 60. Geburtstag hatte die elf Jahre alte Sonja Pralinen gekauft. Der achtjährige Martin hatte ein Bild gemalt und MEINER LIEBEN OMA VON MARTIN darunter geschrieben.

„Das willst du Oma schenken?" spottete Sonja. „Die Buchstaben sind schief, und ein Fettfleck ist drauf!"

„Kaufen kann jeder was", trotzte Martin. „Ich krieg' auch nicht so viel Taschengeld wie du." ...

Die Oma freute sich über alle Geschenke. Zu Martin sagte sie: „Du hast dir große Mühe gegeben. Ich werde dein Bild aufhängen und immer wieder ansehen." – Mein Geschenk ißt sie auf, dachte Sonja und war auf Martin fast ein bißchen neidisch.

## Na so was

Herr Klugmann aus Dummsdorf ging in die Stadt. Die Leute, denen er unterwegs begegnete, schüttelten die Köpfe über ihn. Einige kicherten, andere lachten, und einer tippte sich sogar an die Stirn. Auch in der Stadt blieb es so.

Da winkte Herr Klugmann einen Jungen zu sich, schenkte ihm eine Mark und fragte: „Kannst du mir sagen, warum die Leute über mich lachen?"

„Klar", antwortete der Bengel. „Sie haben einen schwarzen und einen weißen Schuh angezogen."

„Na so was", murmelte Herr Klugmann. „Zu Hause habe ich noch so ein Paar."

Was meinst du dazu?

49

## Sindbad der Seefahrer erzählt sein zweites Abenteuer

Wie ihr wißt, Freunde, bin ich ein Kaufmann, der mit Leuten auf fernen Inseln Handel treibt. Auf meiner zweiten Seereise legte der Kapitän unseres Schiffes an einer wunderschönen, aber menschenleeren Insel an. Alle gingen an Land. Ich entfernte mich von den anderen und schlief an einer Quelle ein.

Als ich erwachte, war das Schiff ohne mich abgesegelt. Da stieg ich auf einen Baum und entdeckte eine große weiße Kuppel. Ich ging darauf zu und erkannte sie als riesiges Ei des Vogels Rok. Plötzlich wurde es dunkel über mir. Der gewaltige Rok rauschte heran. Seine Schwingen verdeckten das Sonnenlicht. Ich warf mich zu

Boden. Der Vogel Rok setzte sich auf das Ei und brütete. Dabei schlief er ein.

Rasch drehte ich meinen Turban zu einem Seil zusammen. Das eine Ende band ich um eine Klaue des Riesenvogels, das andere um meine Hüften. Der Vogel merkte es nicht. – Am nächsten Morgen flog er mit mir davon und ließ sich am Rande eines Tales nieder. In aller Eile band ich mich los. Da stieß der Vogel Rok auch schon in die Tiefe, packte eine Riesenschlange und strich mit ihr ab.

Allah war mir gnädig. Im Tal fand ich kostbare Diamanten. Dann legte ein Schiff an, dessen Kapitän mein Freund war. Er brachte mich nach Hause.

## Das Geheimnis

Helga und Karin waren acht Jahre und elf Monate alt. Sie glichen einander wie ein Ei dem anderen. Helga und Karin waren Zwillinge.

Seit dem 15. Dezember hatten sie ein Geheimnis voreinander. Jeden Tag werkelten sie verstohlen herum, jede an einem anderen Platz. Sie bastelten Weihnachtsgeschenke: Helga eines für Karin, Karin eines für Helga ...

Zur Bescherung am Heiligen Abend guckten sie verwundert. Dann lachten sie, und Mutti und Vati lachten mit ihnen.

Karin hatte für Helga eine Stoffpuppe gebastelt, Helga für Karin auch eine. Und beide Puppen glichen einander wie ein Ei dem anderen.

## Mutti strahlt

Es war ein ganz gewöhnlicher Mittwochnachmittag, und der kleine Peter schwitzte. Nicht weil es heiß war, sondern von der Arbeit.

Er putzte Muttis, Vatis und seine eigenen Schuhe. Nicht bloß so drüber, sondern mit Bürste, Schuhcreme und Polierlappen. Das hatte sonst Mutti gemacht und manchmal dabei gestöhnt.

Als Vati und Mutti dazukamen, staunten sie. „Hast du was angestellt, weil du plötzlich so fleißig bist?" fragte Vati mißtrauisch.

„Nee", antwortete Peter. „Das mach' ich einfach mal so."

„Danke", sagte Mutti Peter wunderte sich, daß sie feuchte Augen bekam; aber sie strahlte dazu.

# Der Dreckfink

Was ich jetzt erzähle, geschah im Puppenland. Dort können die Puppen sprechen und singen, gehen und springen, gescheite Dinge und Blödsinn machen. Sehr vornehme Puppen sprechen in Reimen, als ob sie Gedichte aufsagten.

So fragte zum Beispiel die vornehme Frau Anni die vornehme Frau Susi: „Wie geht's denn, Frau Susi, in diesen Tagen?" Frau Susi antwortete: „O danke, Frau Anni, ich kann nicht klagen." Frau Anni sprach weiter: „Das freut mich, Frau Susi. Wann reden wir mehr?" Darauf sagte Frau Anni: „Am Mittwoch, Frau Susi, bei unserm Frisör." ...

Leider gibt es im Puppenland Dreckfinken, die nicht in die Badewanne wollen.

Zu ihnen gehörte der Puppenbengel Fritzchen. Er wollte lieber ein Ferkel als sauber sein.

Fritzchens Mutti war eine sehr vornehme Puppe, die in Reimen sprach. Sie sagte zu Fritzchen: „Wer Schmutz verabscheut, schrubbelt sich, zumindest einmal wöchentlich, ganz gründlich in der Badewanne. Hinein mit dir, und keine Panne! Mach bloß keine Zicken, das will ich dir raten!"

Dann mußte der Dreckfink tatsächlich baden ...

Zum Glück gibt es nur im Puppenland Dreckfinken, die mit Gewalt in die Badewanne gesetzt werden müssen. Bei uns gibt es sie nicht.

Oder doch?

## Der Angsthase

Der achtjährige Johannes war klein und schwächlich. Seine Mitschüler und die Nachbarskinder hielten ihn für einen Angsthasen. Er wehrte sich nicht dagegen, aber der Spott tat ihm weh.

Dann wurde alles anders. Johannes rettete ein dreijähriges Mädchen aus dem brennenden Nachbarhaus. Dabei verbrannte er sich die Hände.

Drei Zeitungen berichteten über seine mutige Tat und druckten sein Foto ab. – Dann wurde er – zusammen mit anderen Lebensrettern – in die Hauptstadt eingeladen. Dort überreichte ihm der Ministerpräsident die Rettungsmedaille.

Von da an behauptete niemand mehr, daß Johannes ein Angsthase sei.

## Das Superauto

Zum 50. Geburtstag bekam der Bürgermeister von Spaßvogelhausen ein Superauto. Es sah wie der teuerste Mercedes aus. Der Bürgermeister war gerührt.

„Lieber Freund", sagte sein Stellvertreter, der Schlossermeister Blechschmitt, „als Zeichen der Dankbarkeit schenken dir deine Stadträte diesen Superschlitten. Gute Fahrt."

Der Bürgermeister bedankte sich, stieg ein und stutzte. Da waren kein Zündschlüssel, keine Kupplung und kein Gaspedal. Als Antrieb gab es unter jedem Sitz zwei Tretkurbeln wie in Kinderautos.

Der Bürgermeister verstand Spaß. „Die Umwelt verschmutze ich damit bestimmt nicht", sagte er vergnügt.

# Mahlzeit auf Schluckschluck

Professor Mondemann kann auf jeden Stern im Weltraum fliegen. („Beamen" – sprich: „biemen" – sagen die Weltraumfahrer dazu.)

Vor fünf Tagen war der Professor vom Schluckschluckstern zurückgekehrt. Jetzt erzählte er seinen Enkelkindern Thomas und Sabine:

„Die Schluckschlucker empfingen mich mit einem großen Festmahl. Für die Erwachsenen gab es Bohnensuppe, Schweinebraten mit Kraut und Kartoffeln und als Nachtisch Käse, dazu Bier und Wein. Die Kinder bekamen Bockwürste mit Pommes frites, Ketchup, Cola und Limo."

„Super!" riefen Thomas und Sabine. „Nun ja", meinte der Opa, „auf Schluckschluck gibt es alle Speisen und Getränke nur als Pillen. Die werden schnell geschluckt und sparen kostbare Zeit, sagen die Schluckschlucker.

Es gibt Bohnensuppepillen, Schweinebraten-, Kraut-, Kartoffel-, Käse-, Bier-, Bockwurst-, Ketchup- und Colapillen und so weiter. Sie schmecken nach gar nichts, aber sie enthalten alle Nährstoffe, die in Suppen, Braten, Pommes und so weiter enthalten sind."

„Ich möchte sehen und schmecken, was ich esse und trinke", sagte Thomas.

„Ich will richtig essen und keine Pillen schlucken", sagte Sabine.

„Das möchte ich auch", gestand Opa Mondemann. „Deshalb beamte (biemte) ich mich nach der Schweinebratenpille rasch auf die Erde zurück."

## Das Kätzchen und die Stricknadeln

Eine arme Witwe sammelte Holz im Wald. Da sah sie ein krankes Kätzchen liegen, das kläglich miaute. Sie trug es nach Hause, legte es auf eine gestrickte Decke und gab ihm Milch zu trinken. – Als das Tierchen gesund geworden war, verschwand es ...

Nach einiger Zeit ging die Witwe wieder in den Wald. Da, wo das Kätzchen gelegen war, trat ihr eine wunderschöne Fee entgegen, gab ihr fünf Stricknadeln und sagte: „Leg sie am Abend auf den Tisch." Die Witwe tat es. Am nächsten Morgen lag eine gestrickte Jacke neben den Nadeln. – Das geschah von da an jeden Tag. Die Witwe verkaufte die Jacken und litt nun keine Not mehr.

*(Nach Ludwig Bechstein)*

## Rübezahl und die Räuber

Rübezahl, der Berggeist des Riesengebirges, war wieder einmal aus seinem unterirdischen Reich auf die Erde hinausgefahren. Da sah er, wie Räuber in das Haus eines Kohlenbrenners eindrangen und den Köhler, seine Frau und seine vier Kinder davonjagten. Als sie kein Geld fanden, zündeten sie das Haus an

Das war dem Berggeist zuviel. Er schnippte mit den Fingern, und die Räuber fielen um ...

Als die Kohlenbrennerleute zurückkehrten, stand ihr Haus größer und schöner da, als es gewesen war. – Die Räuber erwachten aus ihrer Ohnmacht im Gefängnis der Stadt Hirschberg.

Rübezahl rieb sich die Hände.

# Das Zauberschwert

„Ein böser Zauberer schmiedete ein Schwert, mit dem er jedes Volk der Erde vernichten konnte. Bevor er das tat, stahl ihm der König der Riesen die Zauberwaffe und besiegte ihn damit. Vor seinem Tod verwandelte der Zauberer den Sieger in einen Stein und verbannte ihn und das Schwert unter die Erde. Nur mit Gänseblümchen kann der Riesenkönig erlöst werden." Das erzählte die Königinoma ihrem Enkel Olaf, dem Sohn des Königs Thor ...

Am Tag darauf lag ein Felsblock vor dem Schloß. Er sah wie ein sitzender Riese aus. „Schafft ihn morgen weg!" befahl der König.

Dem kleinen Olaf tat der Steinmann leid. Er zupfte Gänseblümchen, kletterte auf den Koloß und streute ihm die Blumen auf den Kopf. Da bewegte sich der Stein. Er trug Olaf in ein fernes Tal. „Pflück sieben Gänseblümchen und wirf sie in die Luft", sagte er mit dumpfer Stimme. Olaf tat es, und der Boden über dem Zauberschwert öffnete sich. „Zerbrich es", bat der steinerne Riese. Olaf hob es mit Mühe. Unheimliche Kraft durchströmte ihn. Einen Augenblick lang zögerte er – dann schlug er das Schwert gegen einen Stein. Es zersprang in tausend Stücke. – Jetzt trug der Riese eine Krone aus goldenen Gänseblümchen und war kein Stein mehr. Er brachte Olaf nach Hause, bedankte sich herzlich und ging zu seinem Volk.

*(Aus Norwegen)*

## Sechs Zwerge sagen „Gute Nacht"

Es waren einmal sechs Zwerge. Der erste hieß Adam, der zweite Adam Benno, der dritte Adam Benno Christian, der vierte Adam Benno Christian Dominik, der fünfte Adam Benno Christian Dominik Emmerich und der sechste Adam Benno Christian Dominik Emmerich Fridolin.

Am Abend, wenn sie zu Bett gingen, sagten sie „Gute Nacht": Adam zu Adam Benno, Adam Benno zu Adam Benno Christian, Adam Benno Christian zu Adam Benno Christian Dominik, Adam Benno Christian Dominik zu Adam Benno Christian Dominik Emmerich und Adam Benno Christian Dominik Emmerich zu Adam Benno Christian Dominik Emmerich Fridolin. Dann schliefen sie wie Murmeltiere. – Gute Nacht auch dir.

## Eine Mütze für Michael

„Der Christian hat eine tolle Radmütze gekriegt!" rief Michael aufgeregt. „Die gibt's im Kaufhaus für sieben Mark fünfzig! So eine möcht' ich auch! Kauf sie mir, Vati!" – Der Vater schüttelte den Kopf. „Ich brauch' sie aber!" rief Michael. Vater antwortete nicht.

Michael wandte sich an die Mutter: „Dann kauf du sie mir!" – Auch Mutter schüttelte den Kopf. „Warum denn nicht?" stöhnte Michael.

„Weil es allmählich Zeit wird, daß du ‚bitte' sagen lernst", antwortete der Vater. – Michael schluckte. Dann brummelte er: „Tschulliung", und fragte: „Gebt ihr mir bitte das Geld?"

Er bekam es.

## Der Affenhut

Das Affenweibchen Sita war aus dem Gehege entwischt. Jetzt sauste es durch den Tiergarten und machte Unfug.

„Ein Affe, der frei herumläuft!" rief die kleine Sabrina. Sie war mit ihrer Oma in den Tiergarten gekommen. Und weil es sehr warm war, hatte sie den neuen Strohhut aufgesetzt.

Da sauste Sita heran, riß ihr den Hut vom Kopf und flüchtete auf einen Baum. Dort setzte sie den Strohhut auf. Weil sie zu fest daran zog, fuhr sie mit dem Kopf oben durch und trug den Hut jetzt als Halskrause ...

Ende gut, alles gut. Sita wurde wieder eingefangen. Und Oma kaufte Sabrina einen neuen Hut, der noch schöner als der „Affenhut" war.

## Der Kasperl und der Taschendieb

In Fipsingen trieb sich ein Taschendieb herum. Er hatte der Frau des Bürgermeisters den Geldbeutel aus der Einkaufstasche geklaut und dem Polizeimeister Obacht die Brieftasche aus der Uniformjacke stibitzt. Am schlimmsten war, daß er auch Kinder bestahl. Niemand ertappte ihn.

Da half der Kasperl. Er steckte eine Mausefalle in seine Jackentasche und ging auf den Jahrmarkt. Nach kurzer Zeit machte es klick. Ein Mann schrie: „Au!" Der Kasperl packte ihn. Es war ein Fremder. An seiner Hand hing die zugeschnappte Mausefalle.

Der Dieb kam ins Kittchen, und die Fipsinger riefen: „Der Kasperl lebe hoch! – Höher!! – Am höchsten!!!"

## Der Hammel- und der Ochsenkopf

Eine englische Sage erzählt von Merlin, dem Meister aller Zauberer.

Zwei Ritter waren einander so spinnefeind, daß sie nicht einmal ihre Kinder zusammen spielen ließen.

Da half der Zauberer Merlin. Als die Ritter wieder einmal zum Zweikampf antraten, hexte er dem einen einen Hammelkopf, dem anderen einen Ochsenkopf an. „Diese Köpfe verliert ihr erst dann, wenn ihr euch versöhnt!" rief er mit lauter Stimme.

Zähneknirschend reichten die Ritter einander die Hände und wurden vom Zauber befreit.

Als sie ihre Kinder dann zusammen spielen sahen, gefiel ihnen der Friede sogar.

## Pommes mit Ketchup

Zu ihrem siebten Geburtstag hatte Bettina ihre Freundinnen und Freunde zu einer Party eingeladen. „Es gibt Pommes mit Ketchup". hatte sie versprochen. „Es gibt auch was anderes, aber Pommes mit Ketchup mag ich besonders gern."

„Wir auch!" hatten die Freundinnen und Freunde gerufen.

Die Party wurde super.

„Es gibt nichts Besseres als eine große Portion Pommes mit Ketchup", schwärmte die Freundin Julia.

„Gibt es doch", widersprach Freund Peter.

„Was denn?" fragte Julia spöttisch.

Peter grinste. „Zwei Portionen Pommes mit Ketchup."

## Drei Fragen

Ein alter König, der keine Söhne und Töchter hatte, befahl seine beiden Neffen zu sich. Der eine war so gescheit, daß er das Gras wachsen hörte, und so vornehm, daß er beim Essen weiße Handschuhe trug. Der andere war nur halb so gelehrt, machte oft Späße und unterhielt sich gern mit einfachen Leuten.

Der König sprach zu ihnen: „Es ist Zeit, daß ich einen von euch zu meinem Nachfolger bestimme. Ich will keinen bevorzugen. Deshalb stelle ich euch drei Fragen. Wer sie richtig beantwortet, soll nach mir König sein."

„Ja, lieber Onkel", sagten die Neffen.

Der König fuhr fort: „Auf alle drei Fragen gibt es die gleiche Antwort.

Erste Frage: Was ist zwischen Bauernhaus und Königsschloß? – Zweite Frage: Was ist zwischen Stadt und Land? – Dritte Frage: Was ist zwischen Erde und Himmel?"

Der Supergescheite zuckte die Achseln. „Eine einzige Antwort auf alle drei Fragen gibt es nicht", behauptete er.

Der andere antwortete: „Zwischen Bauernhaus und Königsschloß, Stadt und Land, Erde und Himmel ist – das Wörtchen ‚und'."

„Ausgezeichnet", lobte der alte König und bestimmte den weniger gelehrten Neffen zu seinem Erben.

Ob der dann alles richtig machte, ist nicht bekannt.

## Simsalabim

Es waren einmal sieben Zwerge, die gingen über sieben Berge. Den einen schnappte eine Hex'. Da waren's nur noch sechs. – Sechs Zwerge mit sechs Zipfelmützen ließen dann ein Zwerglein sitzen, denn es hatte nasse Strümpf'. Da waren's nur noch fünf. – Fünf Zwerge gingen durch den Wald. Da war es finster und sehr kalt. Der kleinste Zwerg verlief sich hier. Da waren's nur noch vier. – Vier Zwerge stapften durch den Schnee. Da tat drei Zwerglein der Bauch so weh. Sie liefen zu Doktor Schauhinein. Zurück blieb einer ganz allein.

Alleinsein war dem Zwerglein schlimm. Es sagte sechsmal: „Simsalabim." Da kamen zurück sie von hüben und drüben, und waren wieder – sieben.

## Der lachende Dritte

Bär und Wolf zerrten an einer Hirschkeule. Da kam der Fuchs vorbei und sagte: „Mit Ziehen und Zerren erreicht ihr nichts. Doch weil ich euer Freund bin, gebe ich euch einen Rat: Legt die Hirschkeule ab. Dann gehst du, Bär, nach rechts, du, Wolf, nach links. Wenn ich ‚Halt!' rufe, dreht ihr euch um und rennt auf die Beute zu. Wer sie zuerst schnappt, dem gehört sie."

Bär und Wolf waren einverstanden und marschierten nach rechts und links, aber der Fuchs rief nicht ‚Halt'. Als sie sich endlich umdrehten, sahen sie ihn mit der Beute im Wald verschwinden.

Beschämt erinnerten sie sich an den Spruch des weisen Uhu: „Wenn zwei sich streiten, freut sich der dritte."

# Sindbad der Seefahrer erzählt sein drittes Abenteuer

Wie ihr wißt, Freunde, bin ich ein Kaufmann, der mit Leuten auf fernen Inseln Handel treibt. Auf meiner dritten Seefahrt geriet unser Schiff in einen Sturm und wurde an den Berg der Affen getrieben. „Allah steh' uns bei", murmelte der Kapitän.

Da stürmten die Affen auch schon heran. Sie kletterten auf das Schiff, zerfetzten die Segel und zernagten die Taue. Wer sich ihnen entgegenstellte, den schlugen sie nieder. Dann stahlen sie unsere Ladung und stießen das Schiff ins Meer zurück.

Der Kapitän und seine Seeleute besserten die gröbsten Schäden aus.

Und schon brach neues Unheil über uns herein. Am Strande der nächsten Insel wartete ein Ungeheuer auf uns. Es glich einem Menschen, war am ganzen Körper behaart, groß wie eine Dattelpalme und hatte Elefantenohren. Als es uns sah, schleuderte es schwere Steine auf unser Schiff. Zum Glück schlugen sie nur drei Löcher in das Deck. Günstiger Wind trieb das Schiff davon ...

Am nächsten Tag nahm uns der Kapitän eines anderen Handelsschiffes ans Schlepptau und brachte uns heil nach Bagdad zurück.

Die Affen hatten mir meine Ware geraubt, doch Allah beschenkte mich reichlich. Ein Freund, der unverheiratet und kinderlos gestorben war, hatte mir sein Haus und sein Vermögen vererbt. Allah sei ihm gnädig.

## Keine blauen Flecken mehr

Graf Adalbert der Dritte trug eine eiserne Rüstung, einen Eisenhelm, ein Schwert an der Seite und ritt auf einem gepanzerten Roß. Helm und Rüstung drückten schwer. Wenn der Graf vom Pferd stieg, zwickte und zwackte es, und er hatte blaue Flecken an Kopf und Armen, an den Beinen, auf der Brust und auf dem Bauch ...

Der heutige Nachkomme, Graf Adalbert der Dreizehnte, stöhnt nicht mehr. Er hat die Burg zu einem Hotel umbauen lassen und seine Diener zu Köchen und Kellnern gemacht. Die Spezialitäten aus der gräflichen Küche sind berühmt.

Graf Adalbert der Dreizehnte hat keine blauen Flecken mehr.

## Das Schlitzohr

Udo Gripsmann verkauft auf Jahrmärkten und Volksfesten Gipsköpfe: den der Königin Nofretete, des Kaisers Napoleon und des amerikanischen Präsidenten, die Gipsköpfe von Fußball-, Fernseh- und Popstars; alle schön bunt angemalt.

In Nixgrips machte Udo Gripsmann ein gutes Geschäft. „Ein Gipskopf kostet zwei Mark", rief er in die Menge, „zwei Gipsköpfe nur fünf!"

Die meisten Nixgripser kauften zwei, weil Udo Gripsmann das Wörtchen „nur" so sehr betont hatte: „Zwei Gipsköpfe nur fünf!"

„Der Gripsmann ist ein Schlitzohr", sagte ein Dummsdorfer.

Was meinst *du* dazu?

## Hans im Glück

Für sieben Jahre Arbeit hatte Hans einen kopfgroßen Klumpen Gold bekommen. Der drückte ihn auf dem Heimweg schwer. Hans war froh, als ihm ein Reiter sein Pferd für das Gold verkaufte. Doch schon nach kurzer Zeit warf ihn das Pferd ab. Ein Bauer fing es ein.

Hans war glücklich, den Gaul für die Kuh des Bauern tauschen zu dürfen. Als er sie später melken wollte, versetzte sie ihm einen Huftritt.

Wieder hatte er Glück – wie er glaubte. Ein Metzger tauschte sein Schwein für die störrische Kuh. Das Schwein gab Hans einem Spitzbuben für eine Gans, weil ihm der Halunke vorschwindelte, daß das Schwein gestohlen sei.

Dann erzählte Hans einem Scherenschleifer, was er alles „zu seinem Glück" getauscht hatte. Der Scherenschleifer sagte: „Ich bin der glücklichste Mensch auf der Welt." Hans fragte, ob auch er Scherenschleifer werden könne. „Aber ja", antwortete dieser. „Dazu braucht Ihr nur einen Schleifstein. Ich gebe ihn Euch für Eure Gans. Wollt Ihr?"

„Mit Freuden!" rief Hans und ging mit dem Schleifstein weiter. Der drückte bald schwer. Als sich Hans über einen Brunnen beugte, plumpste der Stein ins Wasser. „Gottlob bin ich ihn los!" jubelte Hans und lief – von aller Last befreit – zu seiner Mutter nach Hause.

*(Nach einem Märchen der Brüder Grimm)*

## Die Fliege mit dem Holzbein

Wenn eine Fliege spazierengeht, macht sie mit ihren sechs Füßchen ganz leise tip-tip, tip-tip, tip-tip. Die Fliege Elisa macht tip-tip, tip-tip, tip-tap. Ihr rechtes Hinterbein ist nämlich ein Holzbein.

Als Elisa einmal Herrn Maier über die Glatze lief, langte der so heftig zu, daß ihm Elisas Hinterbein in der Hand blieb. Doktor Mistkäfer ersetzte es durch das Holzbein. Elisa quartierte sich im Schlafzimmer ein, wo Menschen abends müde zu Bett gehen und morgens schlaftrunken aufstehen. Da klatschen sie nicht sofort zu.

Wenn sich dir abends eine Fliege auf die Nase setzt, könnte es Elisa sein.

Gute Nacht, und träum was Schönes.

## Gibt's nicht!

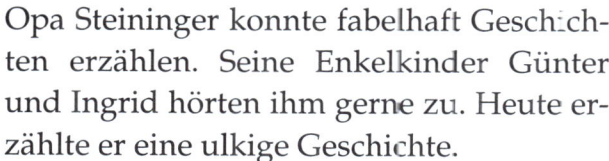

Opa Steininger konnte fabelhaft Geschichten erzählen. Seine Enkelkinder Günter und Ingrid hörten ihm gerne zu. Heute erzählte er eine ulkige Geschichte.

„Es waren einmal ein Günter und eine Ingrid", erzählte er. „Die waren so brav, daß sich die Englein im Himmel über sie freuten. Sie ärgerten ihre Eltern nicht und aßen sogar Muttis Spinat, den sie nicht mochten. In der Schule waren sie immer die Besten."

„Gibt's nicht!" riefen die Enkel. Der Opa schmunzelte. „Natürlich gibt es solche Kinder nicht. Habt ihr vielleicht gedacht, daß ich *euch* meine?"

„Nee", sagten die beiden.

## Willkommen auf dem Bonbonstern

Im Puppenland ist (fast) alles möglich; besonders bei den Puppenkindern Fritzchen, Susi und Sonja und der Miezekatze Maunzi. Sie setzten sich in eine Rakete, und ab ging's auf den Bonbonstern.

Die Bonbonleute freuten sich über den Besuch und gaben süße Küßchen. Maunzi verzog das Gesicht. Sie hätte ein Wurstküßchen lieber gehabt als eines, das nach Bonbon schmeckte. Im Schokomobil wurden die Gäste zu König Marzipanus gefahren.

Der König saß auf einem Lebkuchenthron und hieß die Besucher willkommen. Er bewirtete die Puppenkinder mit Schoko-Eis. Nur die Miezekatze aß nichts. Sie sagte, daß sie Bauchweh habe und nichts

Süßes essen dürfe. Nach der Mahlzeit bestiegen die Gäste den Bonbonvulkan. „Das ist unser Berg, der Bonbons ausspuckt", erklärte König Marzipanus. „Geht nicht zu nah an den Krater hinan." Der Krater war die Öffnung des Berges nach oben.

Fritzchen, Susi, Sonja und Maunzi sprangen in den Krater hinein. Da spuckte der Vulkan seine Bonbons, die Puppenkinder und die Miezekatze hoch in die Luft hinaus. Sie überkugelten sich und erwachten.

Fritzchen, Susi und Sonja lagen in ihren Puppenbettchen, Maunzi lag in der Puppenbadewanne. Und alle waren froh, daß sie der Bonbonvulkan in die Puppenstube zurückgepustet hatte.

## Die Unsichtbaren

Fürst Simeon war ein guter und gerechter Herrscher. Eines Tages wurde er von Kriegern seines Stiefbruders entführt und in einem finsteren Turm an die Wand gekettet. Da beteten viele Leute um seine Rettung.

In einer dunklen Nacht wurde er von einem Unsichtbaren durch die Wand des Turmes getragen und in sein Schloß zurückgebracht.

Den Stiefbruder und dessen Krieger entführten Unsichtbare durch die Luft zu den Eisriesen in den Bergen. Dort mußten sie – welch eine Schande! – zerrissene Socken stopfen.

Und wenn sie sich nicht gebessert haben, stopfen sie noch heute.

*(Aus Bulgarien)*

## Der Heimdackel

Struppi war ein streunender Hund. Die meisten Leute jagten ihn fort. Er ernährte sich von Abfällen und von dem, was ihm Mitleidige zuwarfen. Einfangen ließ er sich nicht.

Dann bellte er mitten in der Nacht vor dem Altenheim. Aus dem Schlaf gerissene Leute schimpften empört, und eine Frau warf Kartoffeln nach ihm. Er bellte weiter.

Da entdeckte der Hausmeister des Altenheims einen Schwelbrand im Keller. Struppi hatte den Rauch gerochen und deshalb Krach gemacht. Der Hausmeister löschte die Glut mit dem Feuerlöscher. – Struppi wurde in das Altenheim aufgenommen und verwöhnt. Als „Heimdackel" streunte er nicht mehr.

## Das Märchen vom Schlaraffenland

Der Dichter Bechstein erzählt: „Im Schlaraffenland sind die Häuser aus Lebkuchen, die Balken aus Schweinebraten und die Zäune aus Bratwürsten. In den Bächen fließt Milch. Den Leuten fliegen gebratene Tauben in den Mund, und der Faulste wird König."

Ludwig Bechstein lebte vor langer Zeit. Seither hat sich auch im Schlaraffenland vieles verändert. Die Häuser sind jetzt aus Kartoffelchips und Pommes frites, die Zäune aus Fischstäbchen gebaut. In den Bächen fließt Limo. Den Leuten fliegt Schokolade in den Mund, und der größte Freßsack wird Ketchup-Meister.

Wo das Schlaraffenland liegt? – Genau einen Katzensprung hinter Weihnachten.

## Methusalem wandert aus

Der Gartenzwerg Methusalem wollte sich nicht länger im Garten der Frau Haberkorn beschmutzen lassen. – Von wem?

Von dem ungezogenen Dackel Fifi, der an ihm sein Geschäftchen verrichtete, und von den frechen Amseln, die im Sturzflug sein Haupt bekleckerten. Methusalem bat die gute Fee der Gartenzwerge, ihn auswandern zu lassen. Sie erlaubte es, und er wanderte aus ...

Schon drei Tage später kam er zurück. Mit Mühe und Not war er Autos, Straßen- und Eisenbahnen entkommen. Und er hatte gesehen, wie zerbrochene Gartenzwerge auf Müllhalden gelandet waren. Da finde ich mich lieber mit Fifi und den Amseln ab, dachte er – und lebt noch heute.

## Noch ein Schildbürgerstreich

Es war Krieg. Hastig verbargen die Schildbürger ihre Schätze vor feindlichen Soldaten. Als Versteck für die wertvolle Kirchenglocke schlug der Bürgermeister den großen, tiefen See hinter dem Städtchen vor.

Elf Schildbürger fuhren mit einem Schiff auf den See hinaus und stießen die Glocke ins Wasser. Der Zimmermann hieb mit seinem Beil eine tiefe Kerbe in den Schiffsrand. „Damit wir nach dem Krieg wissen, wo wir die Glocke herausziehen müssen", sagte er ...

Als die Schildbürger nach dem Krieg ihre Glocke aus dem See holen wollten, fanden sie die richtige Stelle – trotz der Kerbe – nicht wieder.

Warum nicht, errätst du bestimmt.

## Das Weihnachtsgeschenk

Der kleine Klaus konnte kein „n" sagen. Statt „n" sagte er „m". „Gute Macht", sagte er, wenn er schlafen ging. Und in der Schule sagte er: „Das Eichhörmchem kmabbert Haselmüsse." Die anderen lachten ihn aus. Das tat ihm weh ...

Da erschien ihm das Christkind im Traum. „Ich erfülle dir einen Wunsch", sagte es. „Willst du zu Weihnachten den Computer aus dem Kaufhaus haben – oder möchtest du ‚n' sagen können?"

Der kleine Klaus überlegte nicht lange. – Und am Weihnachtsabend sagte er: „Gute Nacht."

„Endlich ist der Knoten bei ihm geplatzt", sagte Vati. Der kleine Klaus sagte nichts dazu. Er war glücklich.

Gute Nacht auch dir.

# Chinesisch bei Onkel Willi

Onkel Willi war ein Spaßvogel. „Chinesisch ist leicht zu lernen", sagte er eines Abends zu seiner Nichte Bärbel. „,Der Finger' heißt zum Beispiel ,Fing', ,der lange Finger' ,Langfing'. – Langfinger bedeutet aber auch etwas anderes."

„Dieb!" rief Bärbel.

„Richtig", sagte Onkel Willi. „deshalb heißt das chinesische Wort für Dieb ,Langfing'. – Und wer fängt die Langfinger?"

„Die Polizei", antwortete Bärbel.

„Richtig", bestätigte Onkel Willi.

„,Polizist' heißt auf chinesisch ,Langfingfang'. Ein Polizist ist ein Mann, der Langfinger fängt." „Logisch", sagte Bärbel.

Onkel Willi fuhr fort: „Jetzt verrate ich dir, daß ,Hund' auf chinesisch ,Wau' heißt. – Wie sagen dann die Chinesen zu einem Polizeihund?"

Bärbel überlegte nicht lange.

„Langfingfangwau", antwortete sie schmunzelnd.

„Super", lobte der Onkel und gähnte schläfrig. „Auch ein chinesischer Polizeihund braucht seinen Schlaf", erklärte er mühsam. „Im Schlaf schnarcht er dann ,Chrrrr'. Deshalb heißt ein schlafender Polizeihund auf chinesisch ..." Onkel Willi nickte ein.

„Langfingfangwauchrrrr", sagte Bärbel und lachte. „Ich glaub' dir kein Wort, Onkel Willi, aber es war lustig. Gute Nacht."

## Das kleine Kästchen

Es war einmal ein kleiner Junge, der ging auf einem Waldweg nach Hause. Da fand er ein kleines Kästchen. Es war verschlossen, und er konnte es nicht öffnen. „Da ist bestimmt etwas Seltsames drin", murmelte er und wollte es mit heimnehmen.

Als er eine kleine Strecke weitergegangen war, fand er einen kleinen Schlüssel. Der paßte in das kleine Schlüsselloch des kleinen Kästchens.

Der kleine Junge sperrte es auf. In dem kleinen Kästchen lag ein kleines, kurzes Mauseschwänzchen.

Damit ist das Märchen zu Ende. Wenn das Mauseschwänzchen länger gewesen wäre, wäre auch das Märchen länger.

*(Aus Norwegen)*

## An allem war die Wespe schuld

Die Wurstigurks waren eine Zaubererfamilie. Der Vater zauberte mit Fingerschnippen, die Mutter mit Händeklatschen, das Söhnchen mit Nasezupfen ...

„Schinken mit Ei!" befahl der Vater am Frühstückstisch und schnippte mit Daumen und Mittelfinger. Dann rief er: „Au!", weil ihn eine Wespe in den Daumen gestochen hatte. – Das „Au" war schlecht. Vor Vater Wurstigurk erschien ein Teller, in dem Regenwürmer herumkrochen. – „Pfui!" rief Mutter, klatschte in die Hände – und ein Kuhfladen dampfte vor ihr. – „Uii", flüsterte das Söhnchen und zupfte sich an der Nase. Da machten zwei Mäuslein Männchen vor ihm ...

Die Wurstigurks zauberten erst weiter, als Vaters Daumen geheilt war.

71

## Der Drache, der sich totlachte

Ein scheußlicher Drache hatte die Tochter eines Königs in seine Höhle entführt. Dort mußte sie ihm den Kopf kratzen und die Nase kitzeln. Und vor dem Schlafengehen mußte sie ihm eine Gutenachtgeschichte erzählen. Zu essen bekam sie trockenes Brot, zu trinken lauwarmes Wasser ...

Der König versprach dem Tapferen, der den Drachen töte, die Prinzessin zur Gemahlin und das halbe Königreich dazu. – Viele Ritter versuchten es. Sie kehrten verbeult, zerkratzt und verprügelt zurück.

Da meldete sich der Junge Hans, der die Schafe des Königs hütete. „In zwei Tagen komm' ich mit der Prinzessin zurück oder gar nicht", sagte er ...

Am nächsten Morgen hörte der Drache einen Menschen rufen: „He, du Monster, kämpf mit mir!"

Der Drache fuhr aus seiner Höhle hinaus und sah einen Knirps, der mit einem Hirtenstab herumfuchtelte.

„Stell dich zum Kampf!" rief der lächerliche Mensch.

Darüber lachte sich der Drache zuerst halb, dann ganz tot. Hans holte die Prinzessin aus der Drachenhöhle, und er gefiel ihr sehr.

Die Hochzeit wurde einen Monat später gefeiert.

Aus Hans, dem Schäfer, wurde „Hans Halbkönig, der Drachentöter". (Halbkönig deshalb, weil er nur über das halbe Königreich herrschte.)

# Niesemax

Einst lebte ein Schmied, der konnte so stark niesen, daß ihm der Sturmwind aus der Nase pfiff. Die Leute nannten ihn „Niesemax". Und der König machte ihn zum Grafen. – Wieso?

Der Nachbarfürst überfiel das Land des Königs mit einem Ritterheer. Als die ersten fünfzig Ritter an der Schmiede vorbeiritten, nieste sie der Niesemax zweimal an. Da wirbelten sie mit ihren Rössern durch die Luft, krachten zu Boden und humpelten zerbeult und zerknittert davon. – Dasselbe machte der Niesemax dann mit der feindlichen Hauptmacht. Er nieste sie fünfzigmal an, und das Land war gerettet ...

„Ab jetzt bist du Graf Maximilian von Hatschi", sagte sein dankbarer König.

# Die Zaubermütze

Ein Zwerg hatte eine Zaubermütze, die ihn unsichtbar machte. Als Unsichtbarer erschreckte er ängstliche Menschenkinder. Er stieß und knuffte sie und stahl ihnen ihre Spielzeuge.

Eines Abends nahm er der kleinen Lisa ihren Teddybär weg. Das Mädchen jammerte laut. Da schrie er: „Juhuuu!", riß sich die Mütze vom Kopf und schwenkte sie hin und her. Jetzt war er aber sichtbar geworden.

Lisas Mutter eilte ins Kinderzimmer und schlug dem Zwerg den Teddy und die Zaubermütze aus den Händen. Der Böse floh und kam nie wieder.

Aber auch die Mütze war weg. Kater Peter hatte sie verschleppt. Bis heute hat sie niemand gefunden.

## Petra mag keine Plastikhasen

Schon lange vor Ostern waren in den Schaufenstern der Kaufhäuser Osternester mit Osterhasen und Ostereiern darin ausgestellt. Die Osterhasen waren aus Lebkuchen, Schokolade oder Marzipan. Besonders hübsche Osterhasen hatten Felle aus Plüsch und waren so richtig zum Kuscheln.

Es gab auch Osterhasen aus Plastik.

„Sie halten ewig!" lobte die Fernsehreklame. „Sie werden nicht aufgefuttert und nicht abgewetzt wie Plüschtiere!"

Gerade deshalb mag Petra keine Plastikhasen. „Ich kann sie nicht essen", sagt sie, „und zum Kuscheln sind sie zu kalt und zu glatt."

Was meinst du dazu?

## Der Nininauni

Die kleine Alix kann schon gehen, nur mit dem Sprechen hapert es noch. Aber das bessert sich rasch, denn Alix ist ein aufgewecktes Mädchen.

Einmal durfte sie mit Mutti fernsehen, aber nicht lange. Es war eine Comicsendung mit dem Nininauni.

Alix erzählte mir aufgeregt. Ich verstand ihr Geplapper nur halb. Ihre Mutter erklärte es mir.

Der Nininauni hatte einen dicken Bauch, dicke Beine, einen langen Hals und einen komischen Kopf. Er war so riesengroß, daß er in dem Bettchen von Alix nicht schlafen konnte ...

Weißt du jetzt, was ein Nininauni ist?

Ein Dinosaurier selbstverständlich.

## Opa singt ein Schlummerlied

Vati und Mutti waren ins Theater gegangen. Zu Hause paßte der Opa auf den kleinen Tobias auf.

Um acht Uhr abends brachte er Tobbi ins Bettchen und erzählte ihm eine Geschichte vom Feuerstern. Dann sagte Tobbi: „Sing, Opa." Der Opa brummte ein Gutenachtliedchen. Er sang nicht besonders schön aber Tobbi war begeistert.

Plötzlich fiel dem Opa der Kopf neben Tobbis Köpfchen, und schon schnarchte er, der Opa.

„Heidschi-bumbeidschi-bumbum", sang der kleine Tobias zu Ende. Er strich dem Opa über die Glatze und sagte: „Gute Nacht, Opa, schlaf schön."

Dann schlief auch er.

## Der Goldregen

Eine alte Geschichte erzählt vom Teufel, der einen Geizhals drei Wünsche tun ließ. „Laß meine Wohnstube mit goldenen Talern vollregnen!", rief der Geizhals sofort – und schon prasselte der Goldregen auf ihn nieder. Bald drohte der Gierige in den Talern zu ersticken.

„Aufhören!" ächzte er. Auch dieser Wunsch wurde erfüllt. Jetzt versuchte sich der Geizige mit den Händen freizuschaufeln, doch die Taler rutschten immer wieder nach. „Zum Teufel mit dem Gold!" keuchte er. Da war es auch schon weg – bis auf einen Taler.

Den schleppte ein Mäuslein zu einer armen Frau, die davon Medizin für ihr krankes Kind kaufte.

# Sindbad der Seefahrer erzählt sein viertes Abenteuer

Wie ihr wißt, Freunde, bin ich ein Kaufmann, der mit Leuten auf fernen Inseln Handel treibt.

Auf meiner vierten Seereise überfiel uns ein Wirbelsturm. Unser Schiff kenterte, und ich verlor das Bewußtsein.

Als ich erwachte, lag ich am Strand einer fruchtbaren Insel. Leute, die Pfefferkörner sammelten, brachten mich zu ihrem König. Ich erzählte ihm von meinem Unglück, und er nahm mich freundlich auf.

Ich sah, daß die vornehmen Männer auf edlen Pferden ritten, aber ohne Sättel, und wunderte mich darüber.

„Was ist ein Sattel?" erkundigte sich der König. Ich erklärte es ihm. „Männer im Sattel und mit Steigbügeln reiten viel besser als ohne", sagte ich.

In den nächsten Wochen lehrte ich geschickte Handwerker, Sättel zu machen und Steigbügel zu schmieden. Der König belohnte mich reichlich und wollte mir seine Tochter zur Frau geben.

Zwei Männer, die meine Freunde geworden waren, warnten mich. „Die Prinzessin ist wunderschön, aber sehr krank", sagten sie. „Wenn sie stirbt, mußt du als ihr Gemahl mit ihr sterben. Das ist hier Gesetz."

In einer mondhellen Nacht flohen wir zu dritt mitsamt den Schätzen, die mir der König geschenkt hatte, in einem schnellen Segelboot.

Am Morgen danach nahm uns der Kapitän eines Handelsschiffes an Bord und brachte uns in die Heimat zurück.

## Das Hemd des Glücklichen

Ein König war sehr krank. „Majestät", sagte der Leibarzt, „Ihr werdet gesund, wenn Ihr das Hemd eines Glücklichen anzieht." Der König sandte Boten aus, doch sie fanden keinen vollkommen glücklichen Menschen. Alle Leute hatten große oder kleine Sorgen.

Der letzte Bote brachte einen Bettler in das königliche Schloß. „Bist du glücklich?" fragte ihn der König. „Ich bin vollkommen glücklich", antwortete der Bettler. „Gib mir dein Hemd!" rief der König erfreut. „Ich gebe dir Gold dafür." – „Ich habe kein Hemd", sagte der Bettler.

Der König starb. Und weil er keine Kriege geführt hatte, bekam er ein schönes Plätzchen im Himmel.

## Kasperls Meisterstück

Kasperls grimmigste Feinde schlossen sich gegen ihn zusammen: der Teufel, das Krokodil, der Hexenmeister Fitzliputz, der Räuberhauptmann Hurraxdax und der Wassermann. „Morgen abend, wenn er sich am Bach die Füße wäscht, geht's ihm an den Kragen", sagte der Teufel. „Jaaa!" riefen die anderen.

Sie ahnten nicht, daß sie der Kasperl belauschte ...

Am nächsten Abend, als er die Füße wusch, stürzten sie auf ihn los. Da streute er ihnen aus zwei Tüten Niespulver in die Nasen. Das gab ein „Haaaatschi!!!" und Stockhiebe vom Kasperl dazu.

In der Nacht träumte der Kasperl von Gurkensalat.

## Wirbel um Sassafras

Die Zwerge im Gänseblümchental hätten vergnügt da leben können, wenn der Riese Sassafras nicht gewesen wäre. Jedes Jahr verschlang dieser Unhold die Ostereier, die von den Zwergen für die Osterhasen bemalt worden waren. Diesmal sollten die schönsten in ein Waisenhaus gebracht werden.

Da meldete sich der kleinste Zwerg, der die Bienen hütete. „Ich werde den Riesen vertreiben", sagte er.

„Er spinnt", spotteten die anderen Zwerge. Da tappte Sassafras heran. Die Zwerge flohen entsetzt. Der kleinste rannte zu den Bienenstöcken und rief den Bienen in ihrer Sprache etwas zu.

Da brausten die Schwärme ins Freie und auf den Riesen los. Wie ein Wirbelwind kurvten sie um ihn herum. Sassafras drehte sich mit ihnen im Kreis und fuchtelte mit den Armen – immer schneller, immer schneller …

Plötzlich stöhnte er, plumpste zu Boden und lag ohnmächtig in den Gänseblümchen. Die Bienen schwirrten ab. „Danke!" rief ihnen der kleinste Zwerg nach. Dann winkte er die anderen Zwerge heran. Kichernd zogen sie den Riesen bis auf die Unterhose aus …

Als Sassafras erwachte und sich in seiner Unterhose sah, verschwand er auf Nimmerwiedersehen. Denn da, wo ein Riese in Unterhosen gesehen wurde, darf er sich nie mehr blicken lassen.

Und der kleinste Zwerg wurde zum Oberbienenhüter ernannt.

78

## Thomas Flunkermeier erzählt

„Meinen dreißigsten Geburtstag verbrachte ich in der Wüste. Räuber hatten mich ausgeplündert und liegen lassen. Ich war dem Verdursten nahe.

Da erinnerte ich mich an eine Geschichte aus der Bibel: Moses, der das Volk Israel durch die Wüste führte, hatte mit seinem Stab Wasser aus einer Felswand geschlagen. – Ich humpelte auf einen nahen Fels zu, schlug mit der Faust an den Stein – und köstliche Limonade sprudelte mir entgegen. Kurz darauf kamen Händler vorbei und nahmen mich mit. Schade, daß die Limonadequelle dann versiegte."

Thomas Flunkermeier gähnte. „Wer's nicht glaubt, der soll es bleiben lassen. Gute Nacht, Freunde."

## Wau-wauuuu!

Als Kunigunde ein Mäusemädchen gewesen war, hatte sie ihr Papa zu einem berühmten Lehrer in die Schule geschickt. Dort hatte sie die Hundesprache gelernt.

Als sie dann heiratete und sieben Kinderchen bekam, konnte sie genauso bellen wie ein Dackel.

Sobald eine Katze auftauchte, wischte Kunigunde in ihr Mauseloch und bellte „Wau-wauuuu!" heraus.

Weil sich Katzen vor Hunden fürchten, rannten sie davon und ließen sich vor dem bellenden Mauseloch nicht mehr blicken. So brachte Kunigunde ihre sieben Mäuslein gesund durch das Leben.

Andere Mäusemamis können das nicht, weil sie nicht Hundisch gelernt haben.

# Däumelinchen

Im Märchenland lebte ein liebes, kleines Mädchen. Es war nicht größer als ein Daumen, deshalb wurde es Däumelinchen genannt. An einem schönen Frühlingstag schlief es unter Glockenblumen in einer Muschelschale.

Vom nahen Teich watschelten eine Kröte und ihr Sohn heran. Sie sahen das schlafende Mädchen, und die alte Kröte sagte: „Das ist die rechte Frau für dich, mein Sohn."

„Koax, koax, brekke-ke-kex", antwortete er begeistert, weil er nichts anderes sagen konnte.

Sie trugen die Muschelschale mit dem Mädchen darin zum Teich, schwammen zum größten Teichrosenblatt und legten die Schlafende darauf. Dabei schwankte das Blatt. Wasserspritzer weckten Däume-linchen. Es erschrak, als es die Kröten sah. „Du wirst meinen Sohn heiraten", sagte die alte Kröte. „Koax, Koax!" rief er fröhlich. „Nein!" stöhnte Däumelinchen entsetzt.

Die Kröten schwammen mit der Muschelschale davon, um das Hochzeitszimmer im Uferschlamm einzurichten.

Da erbarmten sich die Fischlein. Sie nagten den Stiel des Teichrosenblattes durch. Die Strömung trieb es der Stelle zu, wo ein Bach den Teich verließ. Däumelinchen schwamm in die Freiheit. „Danke!" rief es den Fischlein zu ...

Was weiter geschah, erzähl' ich euch ein andermal.

*(Nach einem Märchen von Hans Christian Andersen)*

## Der zweite Preis

Im Purzelbaumschlagen war Peter unschlagbar. Jetzt, beim Sportfest seiner Kindergruppe, würde er bestimmt den ersten Preis bekommen.

Vor Peter purzelte Michael, der Zweitbeste, achtmal hintereinander. Peter trat nach ihm an – und machte nur sieben Purzelbäume.

Warum? – Der erste Preis war ein Paar Rollschuhe. Peter mochte Rollschuhlaufen nicht.

Der zweite Preis war ein Fußball, auf den der Torwart der A-Mannschaft sein Autogramm geschrieben hatte. Auf diesen Ball spitzte Peter.

Jetzt bekam er ihn als zweiten Preis. – Und Michael freute sich über den ersten.

## Ein Kalauer

„Was ist ein Kalauer, Onkel Josef?" fragte Lisa.

„Kalauer sind dumme Witze", erklärte der Onkel. „Manche sagen auch *blöde* Witze dazu!

„Erzähl mir einen", bat Lisa.

„Im Moment fällt mir nur einer ein", sagte der Onkel. „Ich kann dir erzählen, wie ich aus einem Löwen einen Tiger gemacht habe. – Das war so: Ich kitzelte einen Löwen. Da wurde er fuchtig. Ich kitzelte ihn stärker. Da wurde er fuchtiger. Dann nahm ich das Fuch weg, und der Tiger blieb übrig."

„So ein Quatsch", brummelte Lisa.

„Bravo", lobte Onkel Josef. „Jetzt hast du begriffen, was ein Kalauer ist."

## Die Leibspeise

Friederike war sieben Jahre alt und die einzige Tochter des Fürsten Wilhelm und seiner Gemahlin Wilhelmine. Sie war lieb und nett, aber sehr schmal, weil sie nur ganz wenig aß. Die köstlichsten Leckerbissen von der fürstlichen Tafel schmeckten ihr nicht. Der Hofarzt war ratlos ...

Eines Tages huschte die kleine Friederike in die Schloßküche. Da, wo für die Herrschaften gekocht wurde, rümpfte sie die Nase. Hier roch es nach allem, was sie nicht mochte.

Sie lief in die Küche nebenan, schnupperte und fragte den Küchenjungen: „Was riecht denn da so gut?"

„Du bist in der Küche, in der das Essen für die Dienerschaft zubereitet wird", antwortete er. „Jetzt machen wir Kartoffelstampf mit ausgelassenen Speckwürfeln darin und angebräunten Zwiebeln darauf."

„Laß mich kosten", bat Friederike. Sie aß einen Löffel voll, dann einen zweiten und dritten. „Mhmmm!" schwärmte sie begeistert.

Dann nervte sie ihre Eltern so lange, bis sie ihr jeden Tag eine Mahlzeit aus der Dienstbotenküche erlaubten.

Die kleine Friederike wurde sehr lustig und ein bißchen mollig, was gut zu ihr paßte.

Und der Küchenjunge wurde ihr Leibkoch.

*(Einem preußischen Märchen nacherzählt)*

## Verhexte Ostereier

Die wunderschön bemalten Ostereier aus Zwergenhausen wurden von den Osterhasen gern abgeholt. Leider fraß der Fuchs jedes Jahr die schönsten samt den Schalen weg. Hübsch bemalte Eierschalen seien besonders vitaminreich, behauptete er.

Jetzt schmiedeten die Zwerge eiserne Eier, die dann wie Ostereier angemalt wurden. Diese legten sie oben auf die Körbe der Osterhasen.

In einer Mondnacht schlich der Fuchs wieder in das Vorratshäuschen. Gierig biß er in das schönste Osterei, stöhnte: „Verhext!" und spuckte vier Zähne aus. Wütend biß er in drei andere Eier und verlor weitere Zähne. Da gab er auf und verschwand für immer.

## Benni, der Clown

„Heute, Kinder, werde ich in fünf Sekunden bis hunderttausend zählen!" rief der Zirkusclown Benni. „Wenn ich es nicht schaffe, kriegt jeder von euch ..." – „Hundert Mark!" rief ein Mädchen. Benni nickte. „Einverstanden!" Er zog einen Luftballon aus der Tasche und blies ihn auf. „Solche Ballone bekommt ihr, wenn ich verliere. Jeder ist hundert Mark wert – wenn nicht noch weniger!" Und er zählte: „Eins – zehn – tausend – hunderttausend!"

„Das gilt nicht!" protestierten die Kinder. „Her mit den Luftballonen!" rief Benni. Vier Zirkusleute verteilten sie. Dann blies jedes Kind seinen Ballon auf, der mindestens hundert Mark wert war, wenn nicht noch weniger.

# Fünfzehn für jeden

Vor langer Zeit regierte in der Stadt Bagdad im Morgenland der weise und gerechte Kalif Harun Ar Raschid.

In Bagdad wohnte auch der Schuhmachermeister Mustafa. Eines Tages kamen zwei vornehme Herren zu ihm und bestellten teure Schuhe.

Mustafa gab sich Mühe, und die Herren lobten ihn. Als er den Preis nannte, spotteten sie: „Zwanzig forderst du?" Sie packten ihn und verabreichten ihm zwanzig Stockhiebe. Dann verschwanden sie mit den Schuhen.

Als Bürger der Stadt Bagdad durfte sich Mustafa beim Kalifen beschweren. Harun Ar Raschid war empört. Er befahl die Herren vor sein Gericht.

„Ihr habt Schuhe von Meister Mustafa machen lassen?" fragte er. „Ja, Großmächtiger", antworteten sie.

„Wieviel habt ihr dafür bezahlt?" erkundigte sich der Kalif. „Zwanzig", sagten sie, „genau soviel, wie er verlangt hat."

„Gebt Meister Mustafa die Schuhe zurück", befahl der Kalif, „und nehmt eure zwanzig wieder. Mit Zinsen, damit ihr nicht zu kurz kommt, – also fünfzehn für jeden."

So geschah es. Mustafa erhielt die Schuhe zurück und verkaufte sie an ehrliche Leute. – Den Betrügern verabreichte der Stockmeister des Kalifen dreißig Hiebe auf die Sitzflächen; jedem fünfzehn – und sie verschwanden auf Nimmerwiedersehn.

## Ohrfeigen für Könige

Eine Sage erzählt aus der Ritterzeit:

Zwei Könige brachen zum zehnten Krieg gegeneinander auf. Das war zuviel für die Leute, deren Häuser niedergebrannt und deren Felder verwüstet wurden. Sie beteten um Frieden, und ihre Gebete wurden erhört.

Die Könige und ihre Ritter plumpsten plötzlich von den Pferden und schliefen ein. – Als sie erwachten, waren ihre Rüstungen und Waffen zu Stroh geworden. Und eine Donnerstimme rief: „Wehe euch, wenn ihr je wieder losschlagt!" Dann bekam jeder König von unsichtbaren Händen zehn Ohrfeigen und jeder Ritter vier.

Von da an, heißt es, war Friede.

Wenn es das doch heute noch gäbe!

## Welche Kerzen brennen länger?

Am 6. Januar, dem Dreikönigstag, brannten die Kerzen auf dem Weihnachtsbaum zum letztenmal. Die Familie saß um den Tisch und ließ sich den letzten Christstollen schmecken.

Der Opa erzählte seinem Enkel Klaus und seiner Nichte Nina diesmal keine Geschichte. Er stellte ihnen eine Frage: „Welche Kerze brennt länger – eine lange oder eine kurze?"

„Die lange!" riefen die Kinder. „Das ist doch klar", setzte Klaus hinzu.

„Weil sie lang ist", meinte Nina. „Was lang ist, brennt länger."

„Falsch", sagte der Opa. „Keine Kerze brennt länger. Alle Kerzen brennen – nieder."

## Da schickt der Herr den Pudel aus

Der Herr, der schickt die Liese aus, um Brötchen einzukaufen. Die Liese kauft die Brötchen nicht und kommt auch nicht nach Hause. – Da schickt der Herr den Michel aus, er soll die Liese holen. Der Michel holt die Liese nicht, die Liese kauft die Brötchen nicht und kommt auch nicht nach Hause. – Da schickt der Herr den Pudel aus, er soll den Michel beißen.

Der Pudel beißt den Michel nicht, der Michel holt die Liese nicht, die Liese kauft die Brötchen nicht und kommt auch nicht nach Hause. – Da schickt der Herr die Rute aus, sie soll den Pudel schlagen.

Die Rute schlägt den Pudel nicht, der Pudel beißt den Michel nicht, der Michel holt die Liese nicht, die Liese kauft die Brötchen nicht und kommt auch nicht nach Hause. – Da schickt der Herr das Feuer aus, es soll die Rute brennen. Das Feuer brennt die Rute nicht, die Rute schlägt den Pudel nicht, der Pudel beißt den Michel nicht, der Michel holt die Liese nicht, die Liese kauft die Brötchen nicht und kommt auch nicht nach Hause. – Da geht der Herr nun selbst hinaus, um einmal nachzusehen.

Hui, wie sich alle beeilen!

Da brennt das Feuer die Rute schnell, die Rute schlägt den Pudel schnell, der Pudel beißt den Michel schnell, der Michel holt die Liese schnell, die Liese kauft die Brötchen schnell und kommt sofort nach Hause. Wär' ich doch gleich selbst gegangen, dachte der Herr.

*(Nach einer alten Kindergeschichte)*

## Flunkermeiers zweite Geschichte

Mitten im Winter war ich weit oben im Norden auf Schiern unterwegs. Da verfolgten mich Wölfe. Ich riß das Gewehr von der Schulter, doch die Waffe versagte. Im letzten Augenblick rettete ich mich in eine Jagdhütte. Draußen lauerten die Bestien.

Ich zitterte vor Kälte. In der Hütte waren ein Herd und Feuerholz, aber kein Feuerzeug. Mein eigenes hatte ich verloren. Da rieb ich meine Hände kräftig aneinander. Sie wurden warm, dann heiß und begannen zu glühen. Mit der Glut meiner Hände zündete ich das Holz im Herd an, und mit brennenden Scheiten verjagte ich die Wölfe. – Dann rettete mich ein Hubschrauberpilot, der meine Fackeln gesehen hatte.

## Prost, Herr Einbrecher

Die Familie Weber war in Urlaub gefahren. Das Haus bewachte die Oma.

An einem späten Abend stieg ein Dieb ein. Die Oma hörte ihn, obwohl er leise war. Sie knipste das Licht an und bedrohte ihn mit der Spielzeugpistole ihres Neffen. Der Mann bettelte um Mitleid. „Na schön", sagte die Oma, „dann wollen wir auf den Schreck einen guten Schluck trinken." Der Einbrecher atmete auf und setzte sich.

Oma Weber schenkte Wein ein. „Prost, Herr Einbrecher", sagte sie. Er leerte sein Glas in einem Zug und merkte nicht, daß ein starkes Schlafpulver im Wein war. Es wirkte rasch.

Oma Weber rief die Polizei an. Die brachte den Schläfer ins Kittchen.

## Die Bettlerin

Von Frau Perchta, einer freundlichen Geistergestalt, erzählt eine österreichische Sage:

Ein armer Bauer half einer alten, ärmlich gekleideten Frau, ihren schweren Korb tragen. „Er macht einem Bettelweib den Lastesel", spotteten die Leute. Der Bauer nahm die alte Frau in sein Haus mit. Die Bäuerin gab ihr zu essen und ließ sie in einer Kammer übernachten.

Am nächsten Morgen stand nur der Korb da. Die Bettlerin war verschwunden. Im Korb fand der Bauer Lumpen und rostige Nägel. Als er sie ausschüttete, verwandelten sich die Nägel in Silbertaler.

Da wußten die Bauersleute, daß die Bettlerin die Frau Perchta gewesen war, und dankten ihr von Herzen.

## Neues vom Rübezahl

Rübezahl, der Berggeist des Riesengebirges, ist ein mächtiger Zauberer.

Eines Tages ritt er als vornehmer Herr auf einem prächtigen Rappen durch sein Reich. Mitten im Wald überfiel ihn eine Räuberbande. Rübezahl war neugierig, was die Kerle mit ihm machen würden, und wehrte sich nicht.

Die Räuber plünderten ihn bis auf Hemd und Unterhose aus, nahmen ihm den Rappen weg und verschwanden.

Mit ihrer Beute kamen sie nicht weit. Das Pferd verwandelte sich plötzlich in einen Strohwisch, die teuren Kleider wurden zu Lumpen, die geraubten Taler zu Roßäpfeln. Da ergriffen die Räuber die Flucht. Das höhnische Lachen des Berggeistes verfolgte sie lange.

## Drei Väter

„Mein Vater ist Direktor", prahlte ein neuer Schüler in der Klasse. „Alle Leute in seiner Fabrik grüßen ihn."

Der zweite Neue übertrumpfte ihn: „Mein Vater ist im ganzen Land bekannt. Sein Name steht in allen Zeitungen."

„Ist er Popsänger?" fragte ein Mädchen.

„Minister", sagte der Neue stolz.

„Na und?" warf der Spaßvogel der Klasse ein. „Vor meinem Vater zittern die Leute. Einige geben es nicht zu, aber sie zittern trotzdem." Er wies auf die Neuen. „Eure Väter auch."

„Quatsch", spotteten die Neuen, und einer fragte: „Was ist er denn?"

„Zahnarzt", antwortete der Spaßvogel.

## Die Ziege auf der Stadtmauer

Vor mehr als 500 Jahren wurde Neustadt an der Aisch von Feinden belagert. Die Stadtmauern hielten stand, doch dann waren die Lebensmittel zu Ende. Die Neustädter hungerten.

Da ließ sich ein kleiner Mann in eine Ziegenhaut einnähen und auf die Stadtmauer bringen. Dort sprang er auf allen vieren hin und her und meckerte fröhlich.

Die Feinde hatten gedacht, daß alle Tiere in der Stadt aufgezehrt seien. Nun sahen sie die Geiß. „Weiß der Teufel, woher sie den Nachschub kriegen!" schimpfte der feindliche Feldherr und befahl den Abzug.

Zum Dank ließen die Neustädter eine Ziege in den oberen Turm einmeißeln.

# Der kleine Drache

Es war einmal ein kleiner Drache, der stand ganz allein in der Welt. Seinen Vater hatte ein Ritter im Kampf getötet, seine Mutter war vor Schmerz darüber gestorben. Der kleine Drache wollte nicht kämpfen und auch kein Feuer spucken. Er flog zum Urdra und bat ihn um Hilfe. Der Urdra war ein uralter Drache und sehr gescheit. Er aß nur Apfelbrei, weil ihm alle Zähne ausgefallen waren, und kämpfte nicht mehr gegen Ritter und andere Totschläger.

„Ich kann dich verstehen", sagte er zu dem kleinen Drachen. „Auch mir gefällt das Angeben und Raufen nicht mehr." Er ließ den kleinen Drachen einen Eimer voll Medizin austrinken. Sie half sofort. Statt Feuer spie der kleine Drache jetzt warmes Wasser aus. Kurze Zeit später schloß er Freundschaft mit einem kleinen Prinzen, der sich im Wald verlaufen hatte. Der kleine Drache brachte ihn in die Königsstadt zurück. Dort untersuchten die Ärzte das Wasser, das der kleine Drache herausprudelte – und stellten fest, daß es gegen Bauchweh half. „Bleib hier", bat der König. „Du sollst es gut bei uns haben." Der kleine Drache blieb in der Hauptstadt. Die Kunde von dem Wunderwasser flog durch das ganze Land. Viele Leute kamen von nah und fern, um sich heilen zu lassen ...

Der kleine Drache lebt längst nicht mehr, aber ihr könnt ihn noch sehen. Sein Denkmal steht vor dem Königsschloß.

## Zwei Fragen

Einem Hirtenjungen, der durch witzige Antworten bekannt war, stellte der König zwei Fragen „Erstens: Wie viele Wassertropfen sind im Weltmeer?" Der Junge antwortete: „Sorgt dafür, daß kein Wasser aus den Flüssen ins Meer läuft. Dann werde ich die Tropfen im Weltmeer zählen."

„Wie viele Sekunden hat die Ewigkeit?" fragte der König zum zweiten. Der Junge antwortete: „Weit drüben im Osten steht ein Fels. Er ist eine Stunde lang, eine Stunde breit und eine Stunde hoch. Alle hundert Jahre kommt ein Vögelchen und wetzt sein Schnäblein daran. Wenn der ganze Fels abgewetzt ist, dann ist die erste Sekunde der Ewigkeit vorbei."

Der König lobte den Jungen und beschenkte ihn reich.

*(Nach den Brüdern Grimm)*

## Ulf der Wikinger

Der alte Thorsten erzählte: „An einem schönen Wintertag wollte Ulf der Wikinger seine Braut besuchen, die in einem weit entfernten Tal wohnte. Er schnallte seine Skier an, ergriff den langen Stock und fuhr los.

Als er die letzte Anhöhe erreicht hatte, rief er: ‚Juhuuu!' und flitzte den Steilhang hinunter. Zu spät merkte er, daß die Mitte des Hanges eingebrochen war. Jetzt glich sie einer Sprungschanze, wie wir heute sagen würden.

Ulf warf den Stock weg, sauste auf die Schanze zu, stieß sich ab, ruderte mit den Armen, flog ins Tal hinunter und landete sicher. Wer zugesehen hatte, klatschte Beifall. Ulf wurde berühmt. Er hatte das Schispringen erfunden."

91

## Die grüne Flamme

Im Dreißigjährigen Krieg (vor mehr als 350 Jahren) zogen plündernde Banden durch das Land und verbreiteten Angst und Schrecken. Sie brannten Dörfer nieder und raubten den Bauern das letzte Stück Vieh. Ein abgelegenes Bauerndorf war lange verschont geblieben.

Schon glaubten die Leute, daß der Krieg an ihnen vorübergehen werde, da brannte eines Abends eine grüne Flamme auf dem Dorfplatz. „Feinde kommen!" rief eine geisterhafte Stimme aus dem Licht heraus. „Packt eure Habseligkeiten, treibt das Vieh zusammen und kommt mit!"

Die Leute vertrauten der Stimme und beeilten sich. Nach kurzer Zeit folgten Männer, Frauen und Kinder mit bepackten Wagen und Vieh der grünen Flamme zum nahen Moor. Hinter sich hörten sie die Schreie der Verfolger.

Ängstlich tappten sie in den Sumpf hinein. Über einen breiten Knüppelsteg, der vom Wasser überspült war, brachte sie das grüne Licht auf eine Insel im Moor, die früher nicht dagewesen war

Die Verfolger trauten sich nicht hinterher und zogen schimpfend ab.

„Vergelt's dir Gott", sagten die Geretteten zu dem grünen Licht. Da flackerte dieses hoch empor, und die Stimme rief: „Habt Dank! Ihr müßt wissen, daß ich zu Lebzeiten ein Bösewicht war. Nach meinem Tod mußte ich so lange als grüne Flamme umhergeistern, bis mir jemand für eine gute Tat ‚Vergelt's Gott' sagen würde. Das ist geschehen. Nun bin ich erlöst!" Die Flamme erlosch ...

Nach dem Krieg bauten die Leute ihr zerstörtes Dorf wieder auf. Über die Kirchentür malten sie eine grüne Flamme.

## Der Zauberhut

Ein junger Bauer erhielt von einem Zwerg, mit dem er Freundschaft geschlossen hatte, einen Zauberhut. „Wenn du ihn aufsetzt, bist du unsichtbar", sagte der Zwerg. „Doch benutze ihn nie zu einer bösen Tat." Beide merkten nicht, daß ein Knecht sie belauschte. In der Nacht stahl dieser den Zauberhut und verschwand damit. – Dann stahl er als unsichtbarer Dieb, was ihm gefiel.

Auf einer Hochzeit traf ihn die Strafe. Als die Braut vorübertanzte, wehte ihm ihr Schleier den Hut vom Kopf. Die Hochzeitsgäste sahen den Dieb am Tisch sitzen und Kalbsbraten futtern. Sie verprügelten ihn und warfen ihn hinaus. – Am nächsten Tag war der Zauberhut wieder da, wohin ihn der Bauer gelegt hatte.

## Stroh statt Gold

Es war einmal ein König, der las das Märchen vom Rumpelstilzchen. In diesem Märchen spinnt ein Männlein Stroh zu Gold. Der König ließ nach Leuten suchen, die auch Stroh zu Gold spinnen konnten, aber es gab keine in seinem Königreich. Da wurde er sehr traurig.

Eines Tages sagte die Königin zu ihm: „Stroh haben wir genug; doch warum soll es zu Gold gesponnen werden? Befiehl, lieber Gemahl, daß in unserem Lande nur noch mit Stroh bezahlt werden darf. Dann brauchen wir keine Goldspinner."

„Ausgezeichnet!" rief der König, und bald wurde im ganzen Land mit Stroh bezahlt. Den Leuten war's recht.

Und wer's nicht glaubt, der bezahlt einen Strohwisch.

# Sindbad der Seefahrer erzählt sein fünftes Abenteuer

Während meiner fünften Seereise wurde unser Schiff von einem Ungeheuer versenkt. Auf einer treibenden Planke rettete ich mich an den Strand einer Insel. Dort traf ich einen alten Mann, der nur mit einem Schurz aus Baumblättern bekleidet war. Er gab mir durch Zeichen zu verstehen, daß ich ihn auf die Schultern nehmen und in das Innere der Insel tragen solle. Der Arme ist stumm, dachte ich und trug ihn. Als er mir zu schwer wurde, sagte ich: „Steig ab, es reicht."

Da preßte er seine Beine um meinen Hals, würgte mich und schlug mich mit den Fäusten. „Ich bin der Alte vom Meer", krächzte er höhnisch. „Noch keiner ist mir lebendig entkommen! Los, beweg dich!" –

Drei Tage lang mußte ich ihn tragen. Auch nachts saß er mir im Genick. Am vierten Tag sah ich Weinstöcke, an denen reife Trauben hingen.

Ich höhlte einen Kürbis aus, füllte ihn mit ausgedrücktem Traubensaft und stellte ihn in die Sonne. Nach wenigen Tagen war der Saft zu Wein vergoren. Ich kostete und schnalzte mit der Zunge. Der Alte riß mir den Kürbis aus den Händen, roch daran – und trank ihn aus. Das starke Getränk betäubte ihn. Er fiel von meinen Schultern, rollte dem nahen Steilhang zu und stürzte in die Tiefe.

Ich lief zum Strand. Allah der Gnädige ließ ein Handelsschiff vorbeikommen, das mich nach Hause brachte.

## Fort mit ihnen!

Es war einmal ein König, der ließ unverschämt hohe Steuern eintreiben. Er, seine Grafen und Barone lebten in Saus und Braus, Handwerker und Bauern wurden immer ärmer. Da rief ein junger Mann vor dem Schloß: „Fort mit dem König und seinen Prassern!" Zwei Soldaten verhafteten ihn. „Werft ihn in den Kerker!" schrie der König.

Dazu kam es nicht. Der junge Mann war in Wirklichkeit ein mächtiger Zauberer. Mit einem Fingerschnippen verbannte er den König und dessen Gesellschaft auf eine einsame Insel. Dort mußten sie arbeiten, wenn sie nicht hungern wollten. – Der Zauberer wurde König und regierte gerecht. Die Befreiten dankten ihm von Herzen.

## Der Frosch und der Sperling

Am Ufer eines Teiches stand eine Weide. Auf diese flog oft ein Sperling, wetzte sein Schnäbelchen an einem Ast, piepste und schwirrte wieder ab.

Unten am Teichrand saß ein Frosch. „Fliegen müßte man können", seufzte er, wenn er den Sperling an- und abschwirren sah.

Eines Tages versuchte er es. Mühselig quälte er sich auf die Weide hinauf. Er atmete tief, breitete die Arme aus und stieß sich ab. Zum Glück plumpste er ins Wasser und tat sich nicht sehr weh.

„Wer mühsam auf einen Baum gekrochen ist, ist noch lange kein Vogel", piepste der Sperling.

(Nach Wilhelm Busch)

95

## Däumelinchen und die Maikäfer

Daß Däumelinchen nicht größer als ein Daumen war, wissen wir. – Jetzt schwamm es auf einem Teichrosenblatt den Bach hinunter. Da flog der große, starke Maikäfer Sumserich heran. Er sah das winzige Mädchen, packte es mit seinen Krallen und trug es auf den Maikäferbaum. Dort setzte er es auf das größte grüne Blatt.

Däumelinchen weinte. „Heul nicht", brummte der Sumserich. „Sei froh, daß du in meine vornehme Familie kommst."

Die anderen Maikäfer schwirrten heran und betrachteten Däumelinchen neugierig. „Ist sie nicht süß?" fragte der Sumserich stolz.

„Nein", sagte ein Maikäferfräulein. „Sie hat nur zwei Beine, das sieht häßlich aus."

Und ein Maikäferjunge rief: „Pfui, sie hat keine Fühler!"

„Sie paßt nicht zu uns", sagten die anderen Maikäfer. „Sie ist häßlich."

Weil alle anderen es sagten, glaubte es dann auch der Sumserich. Er trug Däumelinchen vom Baum hinunter und setzte es in eine Mohnblüte. Den ganzen Sommer über lebte Däumelinchen am Waldrand. Es flocht sich ein Bett aus Grashalmen und hängte es unter ein großes Löwenzahnblatt. Da wurde es bei Regen nicht naß. Es aß den Blütensaft der Blumen und trank den Morgentau von den Blättern. – So vergingen der Sommer und der Herbst ...

Was weiter geschah, erzähl' ich euch ein andermal.

## Flunkermeiers dritte Geschichte

Ich war mit einer Karawane in der Wüste unterwegs. Am dritten Tag gerieten wir in einen Sandsturm. Um uns herum pfiff und heulte es. Der Sand peitschte mir in das Gesicht und nahm mir den Atem. Es wurde dunkel um mich ...

Als ich aus der Ohnmacht erwachte, war der Sturm vorüber. Ich wühlte mich aus dem Sand und sah mich um. Ich war allein, die Karawane war ohne mich weitergezogen.

Ich rief um Hilfe, doch niemand hörte mich. Ich versuchte zu gehen – und brach nach wenigen Schritten zusammen.

Was tun? – Da kam mir der rettende Gedanke. Ich malte ein Kamel in den Sand, setzte mich darauf und ritt aus der Wüste hinaus.

## Die Fürstin und die Bettlerin

Es war einmal eine Fürstin, die wohnte in einem prächtigen Schloß.

Alles um sie herum mußte schön sein.

Während eines Spaziergangs trat ein ärmlich gekleidetes Mütterchen auf sie zu und bat um ein Almosen.

„Scher dich zum Kuckuck", sagte die Fürstin. „Verlaustes Lumpengesindel hat hier nichts zu suchen."

„Ich habe keine Läuse", sagte das Mütterchen, „aber du sollst sie kriegen." Und es verschwand wie durch Zauberei. – Am Abend stellte die Dame fest, daß sie Läuse hatte. Kein Heilmittel half. Erst nach einem Jahr war die Plage zu Ende.

Die Fürstin, heißt es, soll sich dann sehr gebessert haben.

# Das Sandmännchen im Puppenland

Im Puppenland geht es oft wie bei den Menschen zu.

Eines Abends wollten die Puppenkinder Susi und Peter nicht einschlafen. Die Puppenmutti hatte ihnen schon zwei Gutenachtgeschichten erzählt und ein Schlummerlied gesungen; doch das reichte nicht. „Erzähl uns noch eine Geschichte, Mutti", quengelte Susi. „Eine ganz lange!" rief Peter.

„Also gut", seufzte die Puppenmutti. „Dann erzähle ich euch die Geschichte vom Sandmännchen."

Sie zog den Stuhl näher an Susis Bettchen und erzählte: „Am späten Abend, wenn es dunkel geworden ist, fliegt das Sandmännchen vom Himmel herunter. Es trägt ein Säckchen voll Schlafsand auf dem Rücken und schaut in alle Kinderzimmer. Kindern, die noch nicht eingeschlafen sind, streut es Sand in die Gesichter. Dann fallen ihnen die Augen zu."

Da flog das Sandmännchen auch schon durch das offene Fenster.

Und weil hier *zwei* Kinder noch nicht schliefen, streute es die doppelte Portion Schlafsand aus. Die Puppenmutti gähnte, kippte vornüber und schlief auf Susis Bettdecke ein.

„Ooooooch", brummelten die Kinder enttäuscht. Da streute das Sandmännchen eine ganze Wolke aus. Jetzt schliefen auch Peter und Susi. „Gute Nacht", murmelte das Sandmännchen und flog weiter.

## Purzel wird belohnt

Der Teddybär Purzel war Monikas Liebling. Sie hatte ihn zu ihrem siebten Geburtstag geschenkt bekommen. Wenn sie ihn auf den Bauch drückte, verdrehte er die Augen und sagte: „Brumm."

„Hoffentlich träumt sie in der Schule nicht von ihm", meinte der Vater.

Aber nein. Im Unterricht machte Monika mit. Nachmittags las sie dem Teddy ihre Hausaufgaben vor und lernte mit ihm. Durch das laute Vorsagen begriff sie vieles besser als im vergangenen Schuljahr. – Für das gute Halbjahreszeugnis wurde dann auch Purzel belohnt. Monika band ihm eine rote Schleife um den Hals. Und weil sie ihn dabei auf den Bauch drückte, verdrehte er die Augen und sagte: „Brumm."

## Der Kasperl und die Riesenschlange

Der Teufel kam gegen den Kasperl nicht an. Deshalb hetzte er die Riesenschlange Bellaboa auf ihn.

Als der Kasperl seinen Samstagnachmittags-Waldlauf machte, sah er in einem Haselstrauch etwas zittern. Sofort erkannte er die Schwanzspitze der Riesenschlange. Da schoß Bellaboa auch schon mit weit aufgesperrtem Rachen auf ihn los.

Er sprang zur Seite, hüpfte auf die Schwanzspitze des Ungetüms und hielt sich daran fest.

Bellaboa wirbelte herum, biß zu – doch der Kasperl war schon abgesprungen. Die Schlange biß sich in den eigenen Schwanz. Der Kasperl drehte ihr eine lange Nase und lief weiter.

## Ferien auf dem Bauernhof

Nina war neu in der dritten Klasse und fand keine Freundin. Warum, wußte sie nicht, aber es tat ihr weh.

Dann ließ die Lehrerin ein Aufsätzchen über Ferienerlebnisse schreiben. Ninas Aufsatz las sie vor:

„Ich war auf dem Bauernhof. Ich streichelte den Hund Bello, den Kater Peter, die Ziege Sabine und das Kälbchen Moritz. Ich fütterte die Hühner. Ich ritt auf dem Pony Ajax und fuhr auf dem Traktor mit. Ich durfte in der Küche, im Stall und im Garten mithelfen. Im nächsten Jahr darf ich eine Freundin mitbringen. Der Bauer und die Bäuerin sind mein Opa und meine Oma."

Nina staunte, wie viele Freundinnen sie plötzlich bekam.

## Frühling, Sommer, Herbst und Maier

Der neue Lehrer stellte sich den Schülern der vierten Klasse vor. „Ich heiße Heinz Müller", sagte er. „Und jetzt möchte ich euch kennenlernen." Er begann mit dem ersten auf der linken Seite: „Wie heißt du?"

„Berti Frühling", antwortete der Junge. „Und du?" fragte Herr Müller den zweiten. „Heini Sommer", sagte dieser. Herr Müller wies auf den dritten: „Und du?" – „Hans Herbst", war die Antwort.

Herr Müller schmunzelte. „Dann heißt du wohl Winter, nicht wahr?" fragte er den vierten. Der Junge schüttelte den Kopf. „Nee, Herr Müller. Ich bin der Sven Maier. Der Winter ist in der dritten Klasse sitzengeblieben."

## Wach auf!

Die Kinder der vierten Klasse führten das Märchenspiel „Dornröschen" auf. Jens Lehmann spielte den Königssohn. Er hatte seine Rolle gut gelernt. Doch jetzt, vor so vielen Zuschauern, wurde er unsicher. „Ich steh' in der Kulisse", sagte sein Freund Max. „Wenn du steckenbleibst, sag' ich dir ein. Los, auf die Bühne!"

Jens stolperte zum schlafenden Dornröschen und stotterte: „O Prinzessin ..." Weiter kam er nicht. „Wach auf", flüsterte Max. Jens guckte dämlich. „‚Wach auf' sollst du sagen, du Knallkopf!" zischte Max ärgerlich.

Jens nickte. „Wach auf, du Knallkopf!" rief er Dornröschen zu. Die Zuschauer tobten vor Lachen, und der Vorhang fiel.

## Helden

Eine japanische Familie feierte den 90. Geburtstag des Urgroßvaters. Da wurde viel aus alten Zeiten erzählt; vor allem von tapferen Männern, die sich in Kriegen ausgezeichnet hatten.

„Sie waren Helden, die man nie vergessen darf", sagte der Urgroßvater. „Heute gibt es solche Männer kaum mehr."

„Ich kenne einen", sagte eine Enkelin, „und ich werde ihn nie vergessen. Er trug keine Waffen, hatte ein schmutziges Gesicht und schmutzige Hände. Es war Mitte Januar 1995 in der vom Erdbeben zerstörten Stadt Kobe. Ich lag unter Trümmern, bis jener Mann mich befreite." Sie verneigte sich vor dem Urgroßvater.

„Verzeih", bat sie, „aber das mußte ich sagen." Der Alte nickte ihr zu.

## Das blaue Flämmchen

Ein alter Mann lebte in einem uralten Haus, in dem ein blaues Flämmchen spukte. Haushälterinnen blieben nie lange dort. Eines Tages meldete sich eine junge Köchin, die keinen Spuk fürchtete. „Das blaue Flämmchen ist ein Geist", sagte der alte Mann. „Wenn er dich ruft, dann folg ihm. Laß ihn immer vorausgehen, und tu nie, was er befiehlt. Die Mädchen vor dir haben meinen Rat nicht befolgt. Sie wurden beschimpft und zerzaust." ...

Das blaue Licht erschien der Neuen schon in der ersten Nacht. „Geh, Anna", flüsterte es. Sie stand auf und sagte: „Geh du voraus." Das Flämmchen führte sie zur Kellertür. „Öffne, Anna", befahl es. „Öffne du", sagte diese. Das Flämmchen nahm die Gestalt eines Weibleins an und klopfte an die Tür. Sie sprang auf. Im Keller wies das Weiblein auf eine Hacke. „Grab ein Loch, Anna", flüsterte es. „Grab du", sagte das Mädchen. Das Weiblein tat es. In der Grube war ein mit Golddukaten gefülltes Kesselchen. „Trag es in deine Kammer", sagte das Weiblein. „Trag du es", befahl Anna, „und geh voraus." Das Weiblein gehorchte.

In der Kammer sagte Anna: „Du hast mir Gold geschenkt. Vergelt's dir Gott."

Da strahlte das Weiblein in blendendem Licht. „Jetzt bin ich erlöst!" rief es. „Ich danke dir!"

Dann verschwand es durch die Mauer und spukte nie wieder.

*(Nach Ludwig Bechstein)*

## Aschenpeter

Eine Witwe hatte einen Sohn, der gern am offenen Herd neben der warmen Asche hockte. Die Leute nannten ihn Aschenpeter. Seine Mutter strickte Strümpfe und verkaufte sie. – Aschenpeter hatte eine Maus und einen Mistkäfer gefangen. Die sperrte er in einen Vogelkäfig und übte so lange mit ihnen, bis der Mistkäfer auf der Nase des Mäusleins tanzte ...

Nun hatte der König eine sehr traurige Tochter. Wer sie zum Lachen bringe, solle reich belohnt werden, ließ der König verkünden. – Was soll ich noch lang erzählen? Das Mäuslein und der Mistkäfer ließen die Prinzessin hell auflachen. Der König belohnte Aschenpeter mit Gold und Silber, und die Witwe mußte keine Strümpfe mehr stricken.

(Aus Rhodos)

## Vergiß das Beste nicht

Ein armer Schäfer fand eine Springwurzel, die alle Türen öffnete. Da trat ein Männlein zu ihm und sagte: „Nimm die Springwurz, und komm mit." Es führte ihn in eine Berghöhle und dort zu einer eisernen Tür. Die Springwurzel öffnete sie. Hinter der Tür lag eine Grotte mit reichen Schätzen. „Nimm davon", sagte das Männlein, „aber vergiß das Beste nicht."

Der Schäfer legte die Springwurzel auf eine Steinplatte, stopfte seine Taschen mit Gold und Silber voll, bedankte sich und ging ins Freie. Hinter ihm schloß sich der Berg. Jetzt merkte der Schäfer, daß er das Beste vergessen hatte: die Springwurzel. Ohne sie kam er nicht mehr in die Grotte hinein. Reich war er trotzdem geworden.

(Nach den Brüdern Grimm)

# Hans Heiling

In Böhmen, zwischen den Ortschaften Aich und Elbogen, ragen am Fluß Eger die Heilingsfelsen auf. Dort soll einst der Zauberer Hans Heiling in einer Höhle gelebt haben. Die Sage erzählt:

Eine junge Frau wurde beim Heidelbeerpflücken von der Dunkelheit überrascht. Auf dem Nachhauseweg verirrte sie sich. Sie kam zum Fuße der Heilingsfelsen und sah dort ein Haus stehen. Hinter einem Fenster flackerte trübes Licht.

Die junge Frau trat ein. In der Stube saß ein alter Mann an einem Tisch. Ohne aufzublicken, sagte er: „Willkommen bei Hans Heiling. Hinter dem Ofen findest du eine Schlafstelle. Gute Nacht." Die junge Frau bedankte sich und schlief dann traumlos und tief ...

Am nächsten Morgen erwachte sie zwischen Felstrümmern. Da glaubte sie geträumt zu haben und ging in ihr Dorf zurück. Dort waren neue Häuser gebaut worden, und sie begegnete fremden Leuten. Niemand erkannte sie. Auch in ihrem Häuschen wohnten Unbekannte. Weinend lief sie zum ebenfalls fremden Bürgermeister und erzählte ihm ihre Geschichte. Der Bürgermeister sah im Gemeindebuch nach und fand eine alte Notiz: Vor hundert Jahren war eine junge Frau gleichen Namens zum Beerenpflücken in den Wald gegangen und nicht zurückgekehrt. „Ihr habt hundert Jahre lang geschlafen und seid dabei nicht älter geworden", sagte der Bürgermeister zu der jungen Frau. „Seid uns willkommen!"

## Der Krämer und das Mäuslein

Müde und hungrig setzte sich ein armer Krämer am Waldrand nieder, um sein trockenes Brot zu essen. Da machte ein Mäuslein ein Männchen vor ihm. Gutmütig warf ihm der Krämer einige Bissen zu. Nach der Mahlzeit lief das Mäuslein weg, kam mit einem Goldstück zurück, huschte wieder davon und brachte das zweite.

Als es zum drittenmal weglief, folgte ihm der Krämer und sah es in einem Erdloch verschwinden. Mit einem Stock grub er den Boden auf und fand eine Menge alter Goldmünzen. Das Mäuslein aber sah er nicht mehr. – Dankbar verteilte er die Hälfte seines Reichtums an arme Leute. – Seine Geschichte wurde in Stein gemeißelt und ist in der Kirche zu Reichenau in Böhmen zu sehen.

*(Nach den Brüdern Grimm)*

## Das Schlangenkrönlein

Ein Mädchen, das die Ziegen seines Vaters hütete, sah auf einem Stein eine kranke Schlange liegen. Mitleidig stellte es ein Schüsselchen Milch vor sie hin. Die Schlange trank, dann nickte sie dem Mädchen zu und verkroch sich.

Von da an fanden die Ziegen das fetteste Gras. Sie gediehen prächtig und gaben mehr Milch als vorher.

Als das Mädchen dann heiratete, kam die Schlange zum Hochzeitsfest. Diesmal trug sie ein goldenes Krönlein auf dem Kopf. Das legte sie der Braut in den Schoß, nickte ihr zu und kroch davon.

Und es lag Segen auf allem, was das junge Ehepaar unternahm.

*(Nach den Brüdern Grimm)*

## Die Seeschlacht

„Heute abend um sechs ist Seeschlacht", sagte der Piratenkapitän zum Admiral. Der Seeräuberkapitän war zehn Jahre alt und hieß Peter Maier. Der Admiral hieß Manfred Müller und war auch zehn. Die Seeschlacht sollte auf dem Dorfteich stattfinden. Der war nicht tief und am Boden verschlammt. Die Schiffe waren alte hölzerne Waschtröge.

Punkt achtzehn Uhr bestiegen die Kämpfer ihre Schiffe. Die Schlacht begann – und endete plötzlich. Der Piratenkapitän kippte den Admiralstrog um. Vor Freude darüber hüpfte er ins Wasser ...

Als die Helden verschlammt nach Hause kamen, hörten sie von ihren Eltern ein Donnerwetter; und der Piratenkapitän bekam eine Ohrfeige dazu.

## Hilfe, ein Raumschiff!

Das Raumschiff der Kakonier raste auf die Erde zu. Es sah wie ein riesiger Pfannkuchen mit gefährlichen Stacheln aus. Die Kakonier darin bestanden nur aus blauen Köpfen, an denen Elefantenohren, lange Arme und kurze Beine angewachsen waren. In jedem Kopf waren drei Augen, ein Rüssel und ein breiter Mund. Sie sangen ein schreckliches Lied, zuerst kakonianisch, dann deutsch:

„Quaranto pakanti kalutt, lutt, lutt! Wir machen Erde kaputt, putt, putt!" Die Hitzewelle vor dem Traumschiff erfaßte den kleinen Udo. Er schrie auf, erwachte und war froh, daß er alles nur geträumt hatte. – „Ab jetzt siehst du nicht mehr so viel fern", sagte seine Mutter, die auf den Schrei herbeigeeilt war.

106

## Der Felsblock

Der Lokführer Hochberger erzählte: „Am 12. April fuhr ich den Morgen-Eilzug. Auf der Strecke war leichter Nebel. Plötzlich erschrak ich. Hinter einer Kurve lag ein Felsblock auf den Schienen. Ich gab das Warnsignal, bremste voll und sprang von der Lok. Der Zugführer und aufgeregte Fahrgäste liefen mir nach.

Da war der Felsblock verschwunden! Ich ging ein Stück weiter und erschrak zum zweitenmal.

Da, wo ich den Stein gesehen hatte, war der Boden auf gut zehn Metern Länge eingebrochen. Die Schienen hingen samt den Schwellen in der Luft.

Wir alle waren still geworden. Einige Fahrgäste falteten die Hände."

## Das Fünfgangfahrrad

Zum neunten Geburtstag bekam Hans-Peter vom Opa ein Fünfgangfahrrad geschenkt. Er strahlte über das ganze Gesicht. Als er zum erstenmal durch die Siedlung fuhr, reckte er stolz den Kopf und pfiff vor sich hin.

Bums! – Warum mußte der blödsinnige Hydrant so nah am Radweg stehen! Das funkelnagelneue Fünfgangfahrrad bekam einen Achter am Vorderrad ab. Hans-Peter hätte am liebsten geheult.

Zu Hause wurde es gar nicht schlimm. „Ich ziehe einige Speichen an, dann ist das Achterchen weg", tröstete Vater.

„Danke, Vati!" rief Hans-Peter.

„Schon gut", sagte der Vater. „Und wenn du wieder losfährst, guck auf die Fahrbahn statt in den Himmel."

## Ein Brief ans Christkind

Petra wohnte in einer kleinen Stadt. Zehn Tage vor Weihnachten schrieb sie einen Brief.

*„An das Christkind im Himmel"*
malte sie in Schönschrift auf den Umschlag; und auf ein Blatt Papier schrieb sie:

*„Liebes Christkind,*

*ich bin 7 Jahre alt. Mein Vati ist arbeitslos. Meine Mutti geht putzen. Sie hat gesagt, daß Du nicht zu armen Leuten kommst. Das glaub ich nicht. Bring mir bitte einen Teddybär, liebes Christkind.*

*Deine Petra."*

Darunter schrieb sie ihre Adresse, steckte das Blatt in den Umschlag, klebte ihn zu und ging zur Post.

Dort sagte sie zu der Frau hinter dem Schalter: „Ich hab' kein Geld für eine Briefmarke. Muß ich auf den Brief ans Christkind eine Marke kleben?"

Die Frau sah den Brief an. „Der braucht keine Marke", sagte sie freundlich. „Danke!" rief Petra. „Dann krieg' ich auch den Teddybär!" Auf dem Heimweg sang sie vor sich hin.

Am Vormittag des Heiligen Abends brachte der Postbote ein kleines Paket für Petra. Er gab es ihr selbst und schmunzelte dazu.

Petra öffnete es mit zitternden Fingern. Ein Teddybär war darin, dazu eine Weihnachtskarte. Darauf stand:

*„Für Petra – mit einem schönen Gruß vom Christkind."*

## Der Zeisig von Hallein

Vor langer Zeit, als die Städte noch mit starken Mauern umgeben waren, lebte in der Stadt Hallein ein kluger Bürgermeister. Er besaß einen Zeisig, den er ganz besonders liebte.

Eines Tages standen das Türchen des Vogelkäfigs und das Zimmerfenster offen. Der Zeisig entwischte ins Freie.

Als es der Bürgermeister merkte, rief er sofort die Stadtwächter und befahl ihnen: „Schließt alle Stadttore, damit der Zeisig Hallein nicht verlassen kann! In den Gassen werdet ihr ihn dann wohl fangen können."

Die Tore wurden geschlossen, doch der Zeisig blieb verschwunden. Warum, konnte sich niemand erklären.

*(Nach einer Sage aus dem Salzburger Land)*

## Das Bad im See

In alter Zeit lebten die Hinterglemmer weltabgeschieden in ihrem Bergtal. Einmal hörten sie von einem See bei der Stadt Zell. Das sei ein großer, blauer Fleck, in dem man schwimmen und baden könne.

An einem Sommertag machten sich zehn Männer auf den Weg. Es war heiß, der Schweiß floß in Strömen. Erschöpft kamen die Hinterglemmer nach Maishofen, das noch ziemlich weit von Zell entfernt liegt. Hinter dem Ort sahen sie ein blau blühendes Flachsfeld. Sie hielten es für den Zeller See, sprangen hinein und wälzten sich im Flachs herum. – Zu Hause erzählten sie dann, wie schön das Schwimmen gewesen sei.

*(Aus dem Salzburger Land)*

109

# Sindbad der Seefahrer erzählt sein sechstes Abenteuer

In der siebten Woche meiner sechsten Seereise überfiel uns ein fürchterlicher Sturm auf dem offenen Meer. Die Wellen trieben unser Schiff an eine Felseninsel, an der es zerschellte. Auf dem steinigen Strand lagen Trümmer und Ladungen gestrandeter Schiffe.

Ich stieg auf den Felsen hinauf und ging in das anschließende Tal hinunter.

Dort sah ich einen breiten Bach. Er kam am Fuße des Felsens heraus, floß quer durch das Tal und verschwand im gegenüberliegenden Berg.

Auf dem Boden des Baches entdeckte ich Edelsteine und Perlen in großer Zahl. Ich holte Taue, Nägel, Werkzeuge und Bretter von den gestrandeten Schiffen, fällte Bäume und baute ein schmales Floß.

Darauf lud ich Perlen und Edelsteine, soviel ich konnte. Dann schob ich das Floß in den Bach, band mich darauf fest und empfahl mich Allah dem Allmächtigen. Das Floß trug mich in den Berg hinein. Es wurde dunkel um mich.

Bald überwältigte mich die Müdigkeit. Ich schlief ein ...

Als ich erwachte, war heller Tag. Braunhäutige Menschen standen um mich herum. Sie hatten mein Floß ans Ufer gezogen. Jetzt brachten sie mich zu ihrem König. Ich schenkte ihm die Hälfte meiner Perlen und Edelsteine. Er gab mir kostbare Stoffe dafür.

Einige Tage später kam ein Schiff vorbei, das mich in meinen Heimathafen Basra zurückbrachte. Allah sei Dank.

## Flunkermeiers vierte Geschichte

Am ersten April wollte ich zum zweitenmal die Alpen überfliegen. Das Wetter war herrlich. Ich stieg von einem kleinen Flugplatz in der Nähe Münchens auf. Rasch erreichte ich zweitausend Meter Höhe.

Da merkte ich zu meinem Schreck, daß ich das Flugzeug vergessen hatte und den Fliegerdreß dazu.

Jetzt raste ich im Straßenanzug mit wehender Krawatte in schwindelnder Höhe dahin. Es konnte nur noch kurze Zeit dauern, bis ich abstürzte.

Da strengte ich mein Gehirn an, und es funktionierte wieder bestens. Ich dachte mir einen Fallschirm, schnallte ihn um, sprang ab und landete wohlbehalten in Garmisch-Partenkirchen.

## Die schwarzen Geister

Professor Gutmann erzählte: „Vor einem Jahr war ich in Afrika unterwegs. Einmal übernachtete ich in einer Höhle. Um Mitternacht schwebten drei schwarze Geister in bläulichem Schimmer herein, und der größte sagte: „Vor hundert Jahren beleidigten wir unseren Medizinmann. Dafür müssen wir so lange umhergeistern, bis uns ein weißer Mann erlöst. Hilf uns, bitte." Ich nickte und sagte: „So wünsche ich euch, was ihr euch wünscht."

Da jubelten sie: „Wir sind befreit!" und lösten sich in Nebel auf. Als Dank ließen sie mir ein Kästchen zurück, in dem drei Edelsteine lagen."

Das erzählte der Professor. Ich weiß nicht recht, ob ich ihm glauben soll, denn er hat zweimal geschmunzelt.

## Der Kasperl und der Flaschengeist

Der Kasperl ging am Bach spazieren. Da hörte er ein leises, weinerliches Stimmchen. „Laß mich raus", piepste es, „Bitte, laß mich raus!"

Der Kasperl entdeckte eine zugestöpselte Glasflasche, die vom Wasser ans Ufer geschwemmt worden war. Er hob sie auf und sah hinter dem Glas ein winziges Männlein. „Bitte laß mich raus!" piepste es wieder.

„Gern", sagte der Kasperl und zog den Stöpsel aus der Flasche. Da quoll Nebel hervor, der immer dichter wurde und immer höher stieg. Und aus dem Nebel wuchs ein fürchterlicher Riese mit glühenden Augen und mächtigen Krallen. „Ich werde dich zertreten, du Erdenwurm!" brüllte er den Kasperl an.

„Denn wisse: Vor zweitausend Jahren bannte mich ein Zauberer in diese Flasche hinein! Nach tausend Jahren Gefangenschaft schwor ich, meinen Befreier reich zu belohnen! Doch niemand half mir! Da schwor ich, den Befreier zu zertreten! Der bist du!"

„Nicht doch!" rief der Kasperl. „Du bist ja gar nicht der Knirps aus der Flasche! In dieses kleine Ding paßt du niemals hinein! Du bist ein Schwindler!"

„Ich werde es dir beweisen!" brüllte der Riese laut, zog sich zusammen und verschwand in der Flasche. Rasch drückte der Kasperl den Stöpsel darauf und warf sie in den Bach zurück. Das Wasser schwemmte sie fort.

*(Nach einem arabischen Märchen)*

## Eulenspiegel in Nürnberg

Vor langer Zeit rächte sich der Spitzbub Till
Eulenspiegel an vier Nürnberger Stadt-
knechten, die ihn grob angeredet hatten. In
der Nacht brach er aus dem Henkersteg,
der über den Pegnitzfluß führt, vier Bretter
heraus. Das Loch sah man nicht, weil der
Steg überdacht und deshalb finster war.

Dann trommelte Eulenspiegel die Rat-
hauswache heraus, verspottete sie und
rannte davon. Die dicken Stadtknechte
keuchten hinter ihm her. Eulenspiegel lief
auf den Henkersteg. Mühelos sprang er
über die Lücke. Die Stadtknechte, die ihm
folgen wollten, stürzten durch das Loch in
die schmutzige Pegnitz.

Eulenspiegel verschwand aus Nürnberg. Warum, kannst du dir denken.

## Geld her!

Herr Hagedorn ging im Wald spazieren.
Plötzlich sprang ihm ein maskierter Kerl in
den Weg und bedrohte ihn mit einer Pistole. „Geld her!" knurrte er grob.

Herr Hagedorn griff in die Tasche – und
der Maskierte erschrak. „Waffe weg und
Hände hoch!" befahl eine scharfe Stimme.
„Polizei!"

Der Bandit ließ die Pistole fallen, sprang
ins Gebüsch zurück und rannte davon, so
schnell ihn seine Beine trugen. Kein einziges Mal sah er sich um.

Herr Hagedorn lachte hinter ihm her.
Weit und breit war kein Polizist zu sehen.
Der Maskierte lief vor dem Überfallenen
weg.

Herr Hagedorn war ein berühmter –
Bauchredner.

## Die Wundermäntel

Ein berühmtes Nürnberger Gotteshaus ist die Sebalduskirche. Sie ist Sankt Sebald geweiht, der vor mehr als tausend Jahren in der Nürnberger Gegend gelebt hat.

„Einst", erzählte die Oma dem kleinen Thomas, „wanderte Sankt Sebald mit seinen Begleitern Willibald und Wunibald von den Alpen her nach Norden. Als sie an die Donau kamen, war das Land überschwemmt und die Brücke weggerissen. Sankt Sebald warf seinen Mantel ins Wasser, stellte sich darauf, packte seinen Stab fester und sprach ein Gebet. Da trug ihn der Mantel ans andere Ufer. Willibald und Wunibald folgten ihm auf ihren Mänteln nach."

„Ui", sagte der kleine Thomas, „so einen Mantel möcht' ich auch haben."

## Feuer aus Eis

Eine der schönsten Legenden um den christlichen Glaubensboten Sebaldus erzählt von brennendem Eis.

An einem kalten Winterabend kehrte Sankt Sebald bei einem Wagenschmied ein. Der war ein geiziger Mann.

„Es ist kalt in deiner Stube", sagte Sankt Sebald. „Mach mir Feuer."

„Ich hab' kein Holz übrig", brummte der Wagenschmied. „Und am Eis kannst du dich nicht wärmen."

Sankt Sebald holte Eiszapfen vom Brunnen und vom Hausdach herein und legte sie auf den Herd. Sofort begannen sie zu brennen und verbreiteten wohlige Wärme. Der Wagenschmied bat den frommen Mann um Vergebung und bewirtete ihn aufs beste.

## Romedius und der Bär

In der Burg Thaur (bei Innsbruck) soll vor langer Zeit der fromme Romedius als Sohn eines Grafen geboren worden sein. Die Legende erzählt, daß er sich bald dem Dienste Gottes weihte und als Einsiedler in einer Höhle hauste.

Als er sein Ende nahen fühlte, wollte er in die Stadt Trient reisen, um von seinem Freund, dem Bischof Vigilius, Abschied zu nehmen. Ein Bär hatte jedoch das Rößlein des frommen Mannes getötet. Romedius legte dem Raubtier den Pferdesattel auf, die Zügel an und ritt auf dem Rücken des Bären nach Trient. Als er dort ankam, läuteten alle Glocken von selbst ...

Die „Romediuskapelle" über Thaur erinnert an den Einsiedler von damals.

## Das verwandelte Brot

Sankt Notburga diente einst einem Grafen als Magd. Die Legende erzählt:

Am Abend, wenn ihr Dienst zu Ende war, ging Notburga oft zu den Armen, die nahe der Burg auf sie warteten. Sie brachte ihnen Brot, das sie sich vom Munde abgespart hatte, und Reste von der Tafel der Vornehmen. Das mußte sie verstohlen tun. Ihr Herr mochte das „Lumpengesindel" nicht.

Eines Abends begegnete sie dem Grafen, der in die Burg zurückritt. „Was trägst du in deiner Schürze?" fuhr er sie an. „Brot für das Bettelvolk, wie?!"

Notburga öffnete die Schürze – und Hobelspäne lagen darin. Der Graf erkannte das Wunder und wies von da an keinen Menschen mehr ab, der in Not war.

# Däumelinchen bei der Feldmaus

Däumelinchen, das nicht größer als ein Daumen war, lebte im Märchenland. Es war von einem Maikäfer entführt und an einem Waldrand ausgesetzt worden.

Da kam der kalte Winter, und es begann zu schneien. Däumelinchen lief in ein abgeerntetes Kornfeld, kam an die Tür einer Feldmaus und klopfte an.

Die Feldmaus öffnete. „Ich habe seit drei Tagen nichts gegessen", schluchzte Däumelinchen. „Komm herein", sagte die Feldmaus. „Ich hab' genug für zwei. Wenn du meine Wohnung sauberhältst, darfst du den Winter über bleiben."

„Gern, liebe Frau Feldmaus", sagte Däumelinchen und blieb ...

Neben der Feldmaus wohnte ein sehr vornehmer, aber fast blinder Maulwurf.

Als er einmal zu Besuch kam, gefiel ihm Däumelinchen so sehr, daß er es heiraten wollte. „Nein!" rief Däumelinchen erschrocken. Da wurde die Feldmaus böse, weil der Maulwurf ihr Freund war. „Dumme Pute!" schimpfte sie ...

In einem Maulwurfsgang fand Däumelinchen eine erstarrte Schwalbe. „Sie ist tot", sagte die Feldmaus, aber Däumelinchen glaubte es nicht. Es packte die Schwalbe in trockenes Gras ein, rieb sie warm und träufelte ihr Wasser in den Schnabel. – Nach langer Zeit erwachte die Schwalbe. Und als der Frühling kam, trug sie Däumelinchen aus dem Dunkel der Erde hinaus ...

Was weiter geschah, erzähl' ich euch ein andermal.

## Purzel kommt ins Krankenhaus

Der Teddybär Purzel war Monikas Liebling. Kurz vor Weihnachten mußte sie ins Krankenhaus. „Blinddarmentzündung", hatte der Doktor gesagt. Im Krankenhaus wurde Monika sofort operiert.

Als sie aus der Betäubung erwachte, saßen Vater und Mutter an ihrem Bett. „Wo ist Purzel?" rief sie. „Wenn Purzel nicht da ist, werd' ich nicht wieder gesund!"

„Morgen bringen wir ihn mit", versprach der Vater, und am nächsten Tag war Purzel da.

Als Monika aus dem Krankenhaus entlassen wurde, sagte sie: „Purzel hat mich gesund gemacht." Der Doktor nickte ihr zu.

## Für zehn Pfennig Lakritz

Als Oma und Opa Kinder waren, gab es noch Krämerläden (kleine Kaufläden).

Einmal kamen zwei Jungen und ein Mädchen in den Laden der Huber-Krämerin. „Für zehn Pfennig Lakritz, bitte", sagte der eine Junge. Lakritz lag ganz oben im Regal. Die Krämerin stieg die Leiter hinauf, holte ein Lakritzröllchen herunter und fragte den zweiten Jungen: „Und du?" Er antwortete: „Für zehn Pfennig Lakritz." Schnaufend stieg die Krämerin wieder auf die Leiter. „Möchtest du auch für zehn Pfennig Lakritz?" fragte sie das Mädchen von oben herunter.

Es schüttelte den Kopf. Die Krämerin brachte dem zweiten Jungen sein Röllchen, und das Mädchen sagte: „Ich möcht' für zwanzig Pfennig Lakritz."

## Der furchtlose Christian

Einst kam ein fremder Schmiedegeselle in ein bayerisches Bergdorf. Er hieß Christian, war groß und stark und fürchtete sich vor niemandem. Der Dorfschmied war froh, einen so kräftigen Gesellen zu bekommen.

Die Dorfburschen erzählten Christian, daß ein Geist am nächsten Kreuzweg spuke. Er erscheine an jedem ersten Freitag im Monat, zwischen Mitternacht und ein Uhr morgens. „Wer ihn sieht und sich fürchtet, wird zu Stein", erzählten sie. „Ich nehm's mit ihm auf", sagte Christian. – Am nächsten Donnerstag, fünf Minuten vor Mitternacht, ging er zum Kreuzweg.

Mit dem zwölften Schlag der Kirchturmuhr erschien der Geist in blutrotem Schimmer. Er war riesengroß, doch ohne Kopf.

Seine Stimme dröhnte aus dem Bauch heraus: „Du Erdenwurm ...!" Bevor er weiterdröhnen konnte, rief Christian: „Halt die Luft an, du Hanswurst! Wenn du mit mir reden willst, setz deinen Kopf auf!" Der Geist schrumpfte zusammen. „Hast du denn keine A-Angst vor mir?" stotterte er. Christian lachte. „Setz deinen Kopf auf oder verschwinde, du Kasperl!"

„Ha-Hanswurst und Ka-Kasperl sagt er zu mir", stöhnte der Geist. „Da-das ist zuviel! Da sieht mich ni-niemand mehr!" Er verduftete und kam nie wieder ...

Das erzählte mir ein alter Jäger. Zum Schluß sagte er: „Wer's nicht glaubt, bezahlt eine Mark."

Ich gab sie ihm.

## Krach im Stall

Ein Schweinchen, das nicht schlafen will,
macht Krach im Stall und ist nicht still. –
Die Kuh sagt: „Du! Gib endlich Ruh! Ich
möchte träumen. Muh, muh, muh!" – Die
Ziege sagt: „Sei nicht so keck! Hör auf zu
lärmen. Meck, meck meck!" – „Dein
Quieken find' ich unerhört! I-ha-haha!" so
schimpft das Pferd. – Das Schweinchen,
das nicht schlafen will, macht weiter Krach
und ist nicht still. – Das Schaf sagt: „Bäh!
Pfui, schäme dich! Für mich bist du ganz
fürchterlich!" – Das Schweinchen, das
nicht schlafen will, ist plötzlich still.

Wieso? Hat es aufs Schaf gehört? – I wo,
es hat sich müd geplärrt – und sammelt, im
Schlaf geborgen, neue Kräfte zum Quieken
für morgen.

## Der Wirbelwind

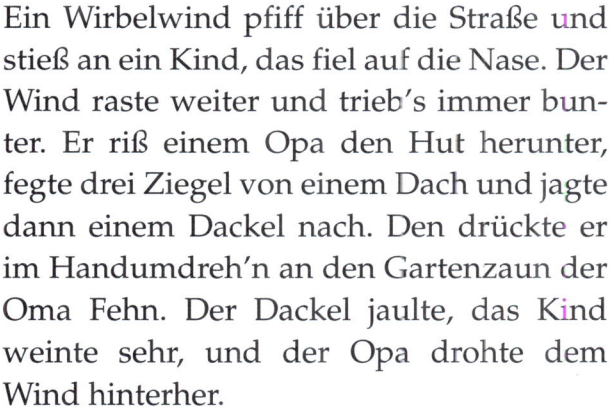

Ein Wirbelwind pfiff über die Straße und
stieß an ein Kind, das fiel auf die Nase. Der
Wind raste weiter und trieb's immer bun-
ter. Er riß einem Opa den Hut herunter,
fegte drei Ziegel von einem Dach und jagte
dann einem Dackel nach. Den drückte er
im Handumdreh'n an den Gartenzaun der
Oma Fehn. Der Dackel jaulte, das Kind
weinte sehr, und der Opa drohte dem
Wind hinterher.

Der Wirbel sauste die Gasse hinauf, da
hielt eine dicke Mauer ihn auf. Die Steine
waren stärker als er. Der Wirbelwind
stöhnte und konnte nicht mehr. Er zerbrach an der Mauer und war sauer.

Da freuten sich Dackel, Opa und Kind
über den sauren Wirbelwind. – Wer hätt'
das gedacht! Na dann – gute Nacht.

# Der Flötenspieler

Vor langer Zeit zogen drei junge Musikanten durch das Land. In einem Städtchen hörten sie von einem Zauberschloß, in dem reiche Schätze sein sollten. Schon mancher habe dort sein Glück versucht, doch sei keiner zurückgekommen.

„Nichts für uns", sagten die beiden älteren Musikanten. Der jüngste, ein Flötenspieler, wollte es wagen.

Er fand das Schloß. Das Tor stand offen. Der Flötenspieler ging durch einen langen, von Fackeln beleuchteten Flur und kam in ein Speisezimmer. Der Tisch war mit Wildschweinbraten und köstlichem Wein gedeckt. Der Flötenspieler setzte sich. „Guten Appetit", sagte ein Männlein mit einem langen weißen Bart und setzte sich zu ihm.

Sie begannen zu essen, und das Männlein ließ ein Stück Braten unter den Tisch fallen. Der Flötenspieler bückte sich danach. Gerade noch rechtzeitig merkte er, daß ihm das Männlein ins Genick springen wollte. Er schnellte herum und packte es am Bart. In diesem Bart steckte unüberwindbare Zauberkraft, die jetzt auf den Musikanten überging.

Das Männlein, das in Wirklichkeit ein böser Zwerg war, mußte dem Flötenspieler alle Schätze aus dem Zauberschloß übergeben.

Der Glückspilz teilte sie mit seinen Kameraden. Und wenn sie nicht gestorben sind, leben sie heute noch.

*(Frei nach Ludwig Bechstein)*

## Die Wurst ohne Ende

Rübezahl, der Berggeist des Riesengebirges, ging eines Abends unsichtbar durch die Gassen der Stadt Hirschberg. Da begegnete er einem Kapuzinermönch. Die braune Mönchskutte und die Kapuze müßten in der Luft ganz schön flattern, dachte er und griff zu. Der Mönch schrie auf, als er von einem Unsichtbaren gepackt und hoch in die Luft getragen wurde. Er flehte alle Heiligen um Beistand an, dann wurde er ohnmächtig ...

Am Morgen erwachte er am Waldrand. Aufatmend kehrte er nach Hirschberg zurück. Dort erzählte er, daß ihn der Teufel entführt habe. Von der köstlichen Wurst, die er in seiner Kutte gefunden hatte, erzählte er nichts. Sie wurde nicht kleiner, soviel er auch davon abschnitt.

## Der wilde Mann

Vor langer Zeit begegnete im Harz ein junger Schäfer einem bärtigen wilden Mann. Der Riese trug einen Lendenschurz aus Eichenblättern und einen Eichenkranz auf dem Kopf. In der rechten Faust hielt er einen entwurzelten Tannenstamm als Stock. „Ich bin der Schatzhüter des Harzes!" rief er mit dröhnender Stimme. „Heute sind meine siebenhundert Hüterjahre vorbei! Der Schatz gehört dir, wenn du mir folgst! Komm mit!"

„Du-du bist Teufelsspuk", stotterte der Schäfer entsetzt. „I-ich hab' von dir gehört. He-heb dich hinweg!"

„Dann eben nicht, du Schwachkopf!" höhnte der Riese und verschwand ...

Den Schatz hob später ein verarmter Bürger aus Rotenburg.

*(Nach Musäus)*

## Sindbad der Seefahrer erzählt sein letztes Abenteuer

Auf meiner siebten und letzten Seereise wurde unser Schiff von Piraten überfallen. Sie raubten die Ladung und verschleppten uns in die Sklaverei. Ich kam zu einem Elefantenjäger. Er verkaufte die Elfenbein-Stoßzähne der erlegten Tiere für teures Geld. Ich mußte immer auf den höchsten Baum steigen und den Jägern melden, wann eine Elefantenherde auftauchte.

Eines Tages donnerte eine gewaltige Herde mit schrecklichem Getöse heran, allen voraus ein riesiger Bulle. Die Jäger flohen entsetzt. Der Riesenbulle riß mich mit seinem Rüssel aus der Baumkrone und trug mich in ein ödes Tal. Dort ließ er mich fallen und verschwand.

Ich rappelte mich auf. Da stand ich auf einem Elefantenfriedhof zwischen zahllosen Knochen. Auf solche Friedhöfe schleppen sich alte und todkranke Tiere, um in Ruhe zu sterben.

Ich begriff, warum mich der Riese hergebracht hatte. Hier gab es eine Menge Stoßzähne von verendeten Elefanten. Dafür mußten die Jäger keine lebendigen Tiere töten ...

Ich wanderte zu meinem Herrn zurück und erzählte ihm, was ich erlebt hatte. Dann führte ich ihn auf den Elefantenfriedhof, der ihn reicher machte als die Jagd. Dafür schenkte er mir ein mit Elfenbein und kostbaren Gewürzen beladenes Schiff, das mich in die Heimat zurückbrachte. – Allah sei Dank.

122

## Flunkermeiers fünfte Geschichte

Einmal hatten mich Kannibalen in ihr Urwalddorf verschleppt. Und weil ich ein berühmter Mann bin, ließ der Häuptling den Festkessel anheizen. Wie ihr euch denken könnt, mochte ich diesen Kessel gar nicht.

Ich überlegte krampfhaft, wie ich mich retten konnte – und hatte eine Idee. Als das Wasser zu sieden begann, sang ich fünfzigmal das Lied, das alle Kannibalen zum Weinen bringt:

„Hula, hula, huhuhuuu!
Huhu, huhu, hulaluuuuuuu!"

Die Kannibalen weinten so heftig, daß ihre Tränen das ganze Dorf überschwemmten. Während die Wilden um ihr Leben schwammen, streifte ich meine Fesseln ab und floh in die Freiheit.

## Wer ist der Beste?

Es waren einmal drei Brüder. Der erste war Barbier, der zweite Hufschmied, der dritte Fechtmeister geworden. Jetzt sollte ihr Vater entscheiden, wer der Beste sei. – Als sie vor dem Hause saßen, rannte ein Hase über das Feld. Der Barbier sprang auf und rasierte dem Häslein im vollen Lauf das niedliche Bärtchen ab.

Da donnerte ein Kutschwagen heran. Der Hufschmied riß dem galoppierenden Pferd die Hufeisen ab und schlug ihm vier neue auf. – Plötzlich begann es stark zu regnen. Da wirbelte der Fechtmeister den Degen so schnell über seinen Kopf, daß kein Wassertropfen auf ihn fiel. – „In seinem Beruf ist jeder von euch der Beste", sagte der Vater. „Ich freue mich, drei beste Söhne zu haben."

*(Nach den Brüdern Grimm)*

## Große Klappe – nichts dahinter

Es prahlte einst ein Schneckerich ganz unverschämt und fürchterlich.

„Ich krieche", sagte er verwegen, „dem
allerstärksten Frosch entgegen, der jede
Schnecke schnabuliert. Ich kämpf' mit ihm,
bis er krepiert! Und alle Schnecken soll'n es
sehn: am Mittwochmorgen um halb zehn!"

Sehr pünktlich guckten dann gespannt
zwölf Schnecken hin zum Froschteichrand.

Der Schneckerich, der reckte sich und
rief: „He, Frosch, jetzt zeige dich!"

Da kam der Frosch und sagte: „Quak."
Der Schneck'rich seufzte: „Guten Tag. Ach,
lieber Frosch, verschone mich." Und dann
– ja dann verkroch er sich.

## Der Maulwurf Wendelin

Es lebte in der Stadt Berlin ein Maulwurf
namens Wendelin im Garten des Herrn
Staufen.

Dort grub er Gänge, kurz und lang, und
in die Beete mittenmang schob er die
Maulwurfshaufen. Die ärgerten Herrn
Staufen.

Er qualmte eine große Menge von Stin-
kerauch in alle Gänge. Das roch gemein!
Der Wendelin grub fort sich aus der Stadt
Berlin. In Wien, so hatte er vernommen,
sind Maulwurfshügel sehr willkommen.

Nun gräbt er fleißig Tag für Tag. Am
Mittwoch kommt er schon nach Prag.

(Dazu mußt du wissen, daß es von Berlin über Prag nach Wien sehr, sehr weit ist.)

## Purzel fällt ins Wasser

Wenn die kleine Monika ihren Teddybär Purzel auf den Bauch drückte, verdrehte er die Augen und sagte: „Brumm." – Einmal ging sie mit ihm am Fluß spazieren, stolperte und fiel hin. Der Teddybär kollerte die Uferböschung hinunter und schwamm davon. „Purzel!" jammerte Monika. Zum Glück sprang ein Hund hinterher und brachte den Teddy zurück. Monika bedankte sich herzlich.

Zu Hause rieb sie Purzel mit einem Handtuch ab und band ihm einen Halswickel um. Dann legte sie ihn in die Sonne. Purzel begann zu dampfen. „Brav", lobte Monika. „Jetzt schwitzt du das Fieber aus." Und weil sie ihn auf den Bauch drückte, verdrehte er die Augen und sagte: „Brumm."

## Der Kasperl und der Räuber

Der Kasperl war am Flußufer eingeschlafen. Da überfiel ihn der Räuber Hurraxdax und fesselte ihn. „Das Krokodil wird sich freuen, wenn ich dich ins Wasser schmeiße", spottete er.

„Schade um den Schatz, den ich heute gefunden hab'", sagte der Kasperl. „Er ist noch in seinem Versteck." Hurraxdax band den Kasperl los, zog seine Pistole und befahl: „Bring mich hin!"

Der Kasperl führte den Räuber zu einer Höhle. „Da drin ist der Schatz", sagte er, und Hurraxdax rannte hinein. In der Höhle hauste ein mächtiger Geist, den seine Frau „Schatz" nannte.

Der Kasperl lief davon; und der Räuber Hurraxdax bekam eine Abreibung, die er lange nicht vergaß.

125

# Däumelinchen bei den Elfen

Däumelinchen, das so klein wie ein Daumen war, hatte eine kranke Schwalbe über den Winter gerettet. Jetzt, als die Frühlingssonne schien, flog es auf dem Rücken der Schwalbe in das Land der kleinen Leute. Dort geht alles in Erfüllung, was Kinder sich wünschen.

Die Schwalbe trug Däumelinchen zu einem Marmorschloß. Davor wuchsen wunderschöne Blumen mit leuchtenden Blüten und großen grünen Blättern. Aus dem Schloß eilte ein Prinz heraus, der nicht größer als Däumelinchen war. „Mach's gut, kleines Mädchen", zwitscherte die Schwalbe und flog davon „Danke schön!" rief Däumelinchen und winkte ihr nach.

Der Prinz verbeugte sich. „Herzlich willkommen, schönes Mädchen", sagte er. „Willst du meine Königin sein?"

„We-wer bist du?" stotterte Däumelinchen.

„Ich bin der Märchenprinz der kleinen Leute", antwortete er, „und bitte dich, meine Königin zu werden. Oder bin ich dir zu häßlich?"

„Aber nein!" rief Däumelinchen. Da flatterten viele kleine Elfen heran und baten: „Sei unsere Königin!" Und sie schenkten Däumelinchen ein paar Flügel, damit es auch schweben konnte.

Dann flogen der Prinz, Däumelinchen und alle Elfen zu Däumelinchens Eltern, um sie in das Marmorschloß zur Märchenhochzeit einzuladen.

## Ein Prinz? – Nöö!

Wenn Oma Meisinger Geschichten erzählte, hörten ihre beiden Enkelinnen immer gern zu. Tanja war sechseinhalb, Kathrin fünf Jahre alt.

Diesmal erzählte die Oma das Märchen von dem Mädchen Aschenputtel, das zu Hause so schlecht behandelt wurde und zum Schluß einen Prinzen heiratete.

„Hmm", murmelte Tanja.

„Möchtet ihr auch einmal Prinzen heiraten?" fragte die Oma schmunzelnd.

Die Mädchen sahen einander an und antworteten: „Nöö!"

„Ich heirate einen Tennisstar", erklärte Tanja. „Ich einen Schlagzeuger", sagte Kathrin.

„Na ja", murmelte die Oma.

## Wassermann und Eichenmann

Nah bei dem Dörfchen Hintertann lebte einst ein Wassermann in einem tiefen Teiche am Fuße einer Eiche. Im Eichenwipfel dann und wann vergnügte sich ein Eichenmann. Der spuckte immer wieder ins Wasser nieder. Das ärgerte den Wassermann, weil Spucke er nicht leiden kann. Er schimpfte: „Eichenmann, du Aas! Na wart, ich mach' dich pudelnaß!" Und knabberte mit scharfem Zahn den Wurzelstock der Eiche an.

Als dann der andre wieder spuckte und grinsend in das Wasser guckte – da war'n die Wurzeln abgebissen, die Eiche in den Teich geschmissen.

Der Wassermann rief: „Komm nie wieder!" – Jetzt spuckt der Eichling aus dem Flieder.

## Kindergeburtstag im Puppenhaus

Zu Klein Susis Geburtstag hatte die Puppenmama eine Schokotorte mit einem Marzipanturm darauf gebacken. Dazu gab es Kakao mit Himbeergeschmack.

„Damit der Geburtstag lustig wird, sollen sich alle Gäste maskieren", hatte der Puppenpapa gesagt. So saß dann um den Geburtstagstisch eine bunte Gesellschaft herum.

Klein Susi war als Englein verkleidet. Der Puppenpapa hatte sich eine rote Knollennase und Elefantenohren angeklebt. Tante Emma war als Hexe gekommen. Schwester Ännchen hatte einen Lampenschirm aufgesetzt, das Baby Brigitte trug eine Fliegenpilzkappe. Der Heinrich aus dem Nachbarhaus hatte sich einen Nashornkopf übergestülpt.

Das freche Fritzchen lümmelte als Cowboy am Tisch.

In der Ecke lagen die Geschenke: ein Teddybär, zwei Bilderbücher, ein Zauberkasten, ein Hampelmann, eine Zopfspange und vieles zum Naschen.

Die Puppenmama trug den Himbeerkakao auf. Sie war wie eine Dame aus alter Zeit gekleidet, schenkte ein und sagte sehr vornehm: „Bitte zugreifen."

Fritzchen wollte der erste sein. Hastig langte er nach einem Tortenstück – und riß die Tischdecke weg! Der Kakao schwappte über, Schoko- und Marzipanstücke flogen durch die Luft ...

Was die anderen zu Fritzchen sagten, erzähl' ich lieber nicht. – Der Geburtstag wurde dann trotzdem schön.

## Hier hat's Feld

In alter Zeit stand auf dem Christenberg in Oberhessen ein Schloß. Darin wohnte ein König mit seiner Tochter. In einem Sommer wurde das Schloß von einem feindlichen Heer belagert. Als die Lebensmittel knapp wurden, bat die Königstochter die Belagerer um Frieden. Der feindliche König sagte: „Geh, wohin du willst, und nimm mit, was du auf einen Esel packen kannst." – Die Königstochter belud einen Esel mit Schätzen, setzte ihren Vater darauf und zog mit ihm fort. – Nach langer Wanderung fanden sie herrenloses Land. „Hier hat's Feld", sagte die Königstochter. (= „Hier gibt es Ackerland.") – Da ließen sie ein Schloß bauen, und nahe dabei entstand das Städtchen Hatzfeld.

*(Nach den Brüdern Grimm)*

## Warum bloß nur?

Als der Uropa und die Uroma (also die Eltern deiner Großeltern) so alt wie du waren, gab es vieles noch nicht, was du heute kennst. Es gab kein Fernsehen, keine Hubschrauber, keine Düsenflugzeuge, keine Weltraumraketen, keine Computer und keine Fahrräder mit Gangschaltung ...

Dafür gab es manches, was du vielleicht nur noch in Büchern siehst: Pfauenaugen, Bläulinge, Schwalbenschwänze, Admirale und Zitronenfalter zum Beispiel. Das sind wunderschöne Schmetterlinge. Es gab Frösche in den Teichen, Störche auf den Dächern und wilden Mohn am Feldrand. Und in den Bächen floß klares Wasser.

Das ist heute selten geworden. Warum bloß nur? – Warum?

# Die erste Geschichte vom kleinen schwarzen Ritter

Vor langer Zeit lebte der mächtige König Artus. An seiner Tafel saßen die berühmtesten Ritter und der Zauberer Merlin.

Eines Abends kam ein kleiner junger Mann in die Königsburg und bat: „Mächtiger Artus, laßt mich Euer Ritter sein. Ich will Euch treu und tapfer dienen." Der König musterte den Fremden, und der berühmte Ritter Lanzelot spottete: „Ein Zwerg will zu uns?" Unter dem Gelächter der anderen Ritter packte er den Kleinen, schob ihn zur Tür und stupste ihn hinaus.

Nur der Zauberer Merlin lachte nicht. Er ging dem Kleinen nach. Der lehnte an der Burgmauer und ballte die Fäuste. Merlin legte ihm die Hand auf die Schulter. „Wer seid Ihr?" fragte er.

„Robert, der Sohn des Grafen Harold", antwortete der kleine Mann. „Ich schlug mich durch, als unsere Burg überfallen und zerstört wurde. Bei König Artus hoffte ich Asyl zu finden."

„Ihr habt es gefunden", sagte Merlin. „Ich kann Kraftprotze und Maulaufreißer nicht ausstehen. Seid mein Schüler. Dann sollen sie den kleinen schwarzen Ritter fürchten lernen; der Muskelprotz Lanzelot zuallererst."

„Den kleinen schwarzen Ritter?" fragte Robert. „Wer soll das sein?"

„Ihr, Robert", antwortete Merlin und führte ihn in sein geheimnisvolles Zauberreich ...

Was dann geschah, erzähl' ich dir später.

## Der neue Lehrer

In ein kleines Bergdorf kam ein neuer Lehrer. Er wollte den Jungen und Mädchen vor allem die hochdeutsche Sprache beibringen.

Am ersten Schultag fragte er die Kinder nach ihren Namen.

„Ich bin der Seff", sagte der erste Schüler. „Es heißt nicht Seff, sondern Josef", verbesserte ihn der Lehrer und fragte den zweiten.

„Ich heiße Hannes", antwortete dieser. „Es heißt nicht Hannes, sondern Johannes", behauptete der Lehrer und fragte den dritten.

„Ich bin der *Jokurt*!" rief der Junge und strahlte über das ganze Gesicht, weil er so schnell Hochdeutsch gelernt hatte.

## Der böse Affe

In uralter Zeit, als die Menschen noch in Höhlen wohnten, lebte ein riesiger, böser Affe. Einmal setzte er sich auf eine Quelle, die vielen Männern, Frauen und Kindern Wasser gab. Mit bösem Grunzen und Zähnefletschen hielt er alle von der Quelle fern.

Da bat eine alte Frau einen menschenfreundlichen Drachen um Hilfe.

Der Drache suchte die Stelle, wo sich das Quellwasser tief in der Erde sammelte, und heizte es mit seinem Drachenfeuer an.

Das kochende Wasser strömte zur Quelle hinauf. Der böse Affe schrie auf und rannte davon ...

Seither haben die Affen rote Popos.

*(Einem afrikanischen Märchen nacherzählt)*

## Die zwölf Tapferen

Die Schildbürger waren friedliche Leute und durch ihre „Schildbürgerstreiche" überall bekannt.

Als wieder einmal Krieg war, mußten sie zwölf tapfere Männer mit Helmen, Lederpanzern und Spießen zum Heer des Kaisers schicken. Doch wer sollte gehen?

„Ich bin der Tapferste", sagte der Schmied, „aber ich kann nicht weg. Wer sollte eure Pferde und die Wagenräder mit Eisen beschlagen?"

„Ich bin auch tapfer", sagte der Schuster, „aber wer soll eure Schuhe flicken, wenn ich im Krieg bin?" – So ähnlich sagten die anderen Männer. Der Bürgermeister mußte schließlich die zwölf Tapferen auslosen lassen ...

Nach dem Krieg schrieb der Stadtschreiber in die Stadtchronik:

„Unsere Helden erwarben sich großen Ruhm. Sie verteidigten die Feldküche und erlitten schwere Verluste. Von den zwölf Tapferen kehrten nur zwölf zurück."

Der Bürgermeister von Schilda ließ ein großes Bild malen und im Rathaus aufhängen. Es zeigt die zwölf Tapferen hinter einem Haufen, auf dem Helme, Spieße und Lederpanzer zusammengeworfen sind. Die zwölf sind in Zivil und prosten einander mit Weinhumpen zu.

Unter dem Bild steht in Großbuchstaben: ES LEBE DER FRIEDE!

(Ob die Schildbürger da wirklich so närrisch waren?)

## Die Hexe Befana

Viele italienische Kinder werden nicht am Heiligen Abend, sondern am Dreikönigstag beschenkt. Nicht vom Christkind, sondern von der Befanahexe. Von ihr erzählt die Sage:

Die gute Hexe Befana lebte zu der Zeit, als das Christkind im Stall zu Bethlehem geboren wurde. Die Hirten, die zum Jesusknäblein gegangen waren, hatten ihr von der Geburt des Christkinds erzählt. Befana war müde gewesen und hatte sich erst einmal ausgeschlafen. Als sie dann zum Jesuskind gehen wollte, fand sie es nicht mehr ...

Seither sucht sie es jedes Jahr zur Weihnachtszeit. Sie bringt Geschenke für alle Kinder – und hofft, daß der Jesusknabe unter ihnen sein könnte.

## Der Überfall

Ein maskierter Bandit überfiel die Sparkasse von Nixgrips. Er bedrohte den Mann hinter dem Schalter mit einer Pistole und zischte: „Geld her!"

Der Kassierer stapelte einige Banknotenbündel hinter dem Schalterglas auf und sagte: „Vierzigtausend Mark." Dann schob er einen Zettel unter dem Schalter durch und bat: „Unterschreiben Sie bitte den Empfang des Geldes mit Ihrem Namen, Ihrem Wohnort, der Straße und der Hausnummer."

Der Maskierte schrieb. „Und jetzt das Geld her!" knurrte er drohend. Er bekam es und wurde kurz darauf von der Polizei geschnappt. Seine Adresse hatte er ja geliefert.

Er stammte aus Klughausen.

# Die Zauberin und das Sandmännchen

Es war einmal eine Zauberin, die hatte drei Augen; zwei neben der Nase (wie wir), das dritte auf der Stirn. Sie litt dauernd an Kopfweh, weil sie nicht einschlafen konnte. Das dritte Auge blieb offen. Kein Zauber konnte es schließen. Auch Augenbinden halfen nicht. Der Blick des dritten Auges drang durch.

Die Zauberin versprach dem, der ihr Schlaf schenke, ihren Zauberadler, auf dem man durch die Luft reiten konnte. Viele wollten ihn haben, doch keiner konnte helfen.

Da meldete sich das Sandmännchen. „Ich fliege zu den Kindern, lasse sie einschlafen und schenke ihnen gute Träume", sagte es. „Gibst du mir den Adler, wenn ich dich einschlafen lasse?"

„Gewiß", antwortete die Zauberin. „Doch wozu brauchst du den Adler, wenn du selbst fliegen kannst?"

„Je länger ich fliege, desto mehr muß ich mich anstrengen", seufzte das Männlein. „Da kann ich den Vogel brauchen."

„Wenn du mir hilfst, gehört er dir", sagte die Zauberin. Das Sandmännchen zog ein Beutelchen aus der Tasche. „Da ist weicher Schlafsand drin", sagte es. „Streu zwei Körnchen in dein drittes Auge. Der übrige Sand reicht für dein ganzes Leben. Die Zauberin legte sich auf das Sofa, streute zwei Sandkörnchen in ihr Stirnauge – und schlief ein ...

Seither reitet das Sandmännchen auf dem Zauberadler und bekommt keinen Fliegerkrampf mehr in den Armen.

## Von eins bis fünf

Zum siebten Geburtstag hatte Daniel seine fünf besten Freunde eingeladen. Nach Zwetschgenkuchen, Kakao und Hagebuttentee sagte er: „Jetzt wette ich, daß keiner von euch so lange auf einem Bein stehen kann, wie ich von eins bis fünf zähle. Wenn ihr gewinnt, zahl' ich jedem eine Mark. Wenn ich gewinne, zahlt mir jeder zehn Pfennig."

Die Freunde stellten sich auf fünf Beine, jeder auf eines. „Das verlierst du", spottete Freund Peter.

Daniel zählte: „Eins – zwei – drei – vier", dann hörte er auf.

„Sag schon die Fünf!" rief Peter.

Daniel grinste. „Die sag' ich morgen früh." – Dann kassierte er fünfzig Pfennig, von jedem Freund zehn.

## Fünf Teddybären

Fünf Teddys gingen durch den Wald. Dort war es finster und sehr kalt. Ein Teddylein verlief sich hier. Da waren's nur noch vier. – Vier Teddys stapften durch den Schnee. Da tat dem einen der Bauch so weh. Er schlich zu Doktor Dudeldei. Da waren's nur noch drei. – Drei Teddys sprangen über Hecken. Ein Teddy blieb darinnen stecken und kam mit Strampeln nicht mehr frei. – Da waren's nur noch zwei. – Zwei Teddys schwammen frisch und keck im Fluß. Da trieb der eine weg. Es halfen Rudern nicht und Schrei'n. Zurück blieb einer ganz allein.

Alleinsein war dem Teddy schlimm. Er sagte viermal: „Simsalabim." Da kamen zurück sie von allen Seiten – und waren zu fünft wie in alten Zeiten.

## Die Eisenbahn

Zu Weihnachten schenkte Opa dem kleinen Alexander eine elektrische Eisenbahn: eine Lok mit zwei Wagen, dreißig Schienenteilen und einer Weiche, dazu einen Trafo mit Anschlußkabel und das Kästchen für die Handsteuerung. Alexander freute sich riesig. Die anderen Geschenke fand er auch schön, aber die Eisenbahn war spitze! „Zum Geburtstag bekommst du weitere Wagen und Schienen", versprach der Opa.

Vater und Opa verlegten die Gleise auf dem Fußboden und schlossen Kabel und Trafo an. Dann knieten sie neben den Schienen und ließen die Eisenbahn schnell und langsam, vor- und rückwärts fahren. Immer hastiger nahm einer dem anderen das Schaltkästchen weg. „Laßt mich!" rief Alexander. „Es ist meine Eisenbahn!"

„Paß gut auf, damit du die Bedienung begreifst", sagte Vater und machte Tempo. „Beim Zusehen lernst du am besten", sagte Opa, nahm Vater das Kästchen aus der Hand und schaltete den Rückwärtsgang ein. „Ich kann es doch schon!" rief Alexander.

Vater und Opa ließen sich nicht stören. Als Alexander weinte, mischte sich Mutter ein. „Jetzt reicht's für euch", sagte sie zu den Männern. „Wenn ihr noch länger kindisch sein wollt, spielt mit den Bauklötzchen." Vater und Opa gingen ins Nebenzimmer.

Jetzt gehörte die elektrische Eisenbahn dem kleinen Alexander allein; und der Heilige Abend wurde wunderschön für ihn.

136

## Der Dieb und die Polizei

Ein raffinierter Viehdieb stahl einem Bauer die zwei besten Kühe von der Weide. Der Bauer rief die Polizei. Leider wußte er nicht, wohin sich der Dieb verdrückt hatte. Die Polizisten suchten in verschiedenen Richtungen: einer zu Fuß, einer auf einem Fahrrad und einer in einem Auto ...

Welcher Polizist lief dem Viehdieb am schnellsten hinterher?

Die richtige Antwort heißt: der zu Fuß, weil er wirklich *lief*. Die anderen Polizisten *liefen* nicht, sie *fuhren* ...

Der Dieb wurde später von einer Verkehrsstreife geschnappt. Er hatte die Kühe auf einen Lastwagen verladen und eine Verkehrsampel umgefahren.

## Flunkermeiers sechste Geschichte

An einem schönen Sommerabend ging ich allein im Wald spazieren. Da trat ein Räuber auf mich zu. Er war maskiert, hielt zwei Pistolen in den Händen und zischte: „Geld her!"

Ich hatte dreitausend Mark bei mir, die wollte ich ihm nicht geben. „Wird's bald?!" knurrte der Bandit.

Da fiel mir ein, was mir meine Großmutter von meinem Großvater erzählt hatte. „Wenn er sich ärgert, fährt er aus der Haut", hatte sie erzählt.

Das war die Rettung!

Ich beschimpfte den Räuber so beleidigend, daß er vor Ärger zitterte und dann vor Wut aus der Haut fuhr.

Bis er sie wieder angezogen hatte, war ich längst davongelaufen.

# Der Goldspecht

Die Burg des Grafen Heinrich war von den Knechten seines Feindes überfallen und zerstört worden. Nur die Burgkapelle blieb stehen. Vor ihr hatten die Mordbrenner Respekt.

Eine Magd rettete den jüngsten Sohn des Grafen. Sie riß das sechs Monate alte Kind aus der Wiege und brachte es zu ihren Elten, die in einem weit entfernten Dorf wohnten. Dort wuchs der Knabe Georg als Bauernjunge auf. Erst an seinem achtzehnten Geburtstag sagte ihm die Magd, daß er der Sohn des Grafen Heinrich sei.

Der junge Georg machte sich auf den weiten Weg zu der Burgruine.

Aus den Trümmern waren inzwischen Unkraut, Büsche und Bäume gewachsen. Auch die Kapelle war inzwischen verfallen. Georg sprach ein Gebet für seine Eltern und Geschwister und erlebte Seltsames. Ein Specht flog heran, hämmerte an die Kapellenruine – und etwas Glitzerndes fiel zu Boden. Der Specht schwirrte ab.

Georg eilte zu der Stelle und fand ein Goldstück im Gras. Da, wo der Specht gehämmert hatte, schimmerte weiteres Gold. Hastig vergrößerte Georg mit seinem Messer das Mauerloch – und fand den Goldschatz, den sein Urgroßvater hier verborgen hatte.

Graf Georg ließ die Burg wieder aufbauen. Die Magd, die ihn gerettet hatte, belohnte er reich.

Und in sein Wappen nahm er einen goldenen Specht auf.

*(Frei nach den Brüdern Grimm)*

## König Nimmersatt und die Wolke

Als es noch gepanzerte Ritter und Kriegsknechte mit Spießen gab, lebte König Nimmersatt. Die Leute nannten ihn so, weil er dauernd Kriege führte, um neue Länder zu erobern. Als er das kleine Land des Fürsten Jaromir überfiel, kriegte er das Grausen.

Fürst Jaromirs Zauberer ließ eine braune Wolke aufsteigen und auf die Angreifer niedersinken. Da begannen sich der König und sein ganzes Heer zu kratzen. Die Pferde warfen ihre Reiter ab und gingen durch. Die Ritter rissen ihre Panzer und die Knechte ihre Lederjacken vom Körper, um sich besser kratzen zu können. Dann rannten sie davon, so schnell sie konnten. Der Zauberer hatte eine Wolke Flöhe auf sie geblasen.

## Der Mönch im Berg

Zwei Bergleuten ging mitten in der Arbeit das Grubenlicht aus. Im Dunkel wagten sie sich nicht zu bewegen, denn der Stollen war gefährlich.

Da kam ein Mönch mit brennender Lampe auf sie zu und gab ihnen Öl. „Erzählt niemandem, daß ihr mich gesehen habt", warnte er und verschwand.

Von da an ging das Öl in ihren Lampen nie zu Ende; und niemand schürfte so viel Silber wie die beiden Glückspilze.

An einem Samstagabend redeten sie im Wirtshaus von ihrer Begegnung mit dem Bergmönch. Von da an füllte sich das Öl in ihren Grubenlampen nicht mehr von selbst auf; und sie schürften auch nicht mehr Silber als die anderen Bergleute.

*(Eine Sage aus dem Harz)*

139

## Der Kasperl und das Ungeheuer

Wenn der Kasperl den Teufel, das Krokodil und den Räuberhauptmann vertrimmt hatte, ließen sie sich eine Woche lang nicht mehr sehen. Um in der ruhigen Zeit nicht arbeiten zu müssen, schwindelte der Kasperl seiner Gretel erfundene Heldentaten vor.

„Liebe Gretel", sagte er einmal. „Heute hab' ich ein besonders gefährliches Ungeheuer besiegt. Bewundere mich, bitte!"

„Diesmal hab' ich deinen Kampf gesehen", spottete die Gretel. „Du hast auf einen Regenwurm losgeschlagen, aber nicht genau auf ihn, sondern daneben."

„Weil Regenwürmer nützlich sind", murmelte der Kasperl kleinlaut.

„Richtig", sagte die Gretel. „Und jetzt ab zum Geschirrspülen!"

## Das Rätsel

Der Bürgermeister von Ixhausen feierte Geburtstag. Nach dem Festessen gab er seinen Gästen ein Rätsel auf. „Was ist das?" fragte er. „Es ist braun, hängt an der Wand und macht ticktack."

„Eine Uhr!" riefen die Gäste.

„Nein", sagte der Bürgermeister. „Es ist ein Brathering."

„Unsinn!" protestierte der Apotheker. „Ein Brathering ist zwar braun, aber er hängt nicht an der Wand – und ticktack macht er erst recht nicht."

„Das mit dem Ticktack und An-der-Wand-hängen hab' ich nur gesagt, damit ihr den Brathering nicht so leicht erratet", erklärte der Bürgermeister.

„Echt Unsinn", meinte der Pfarrer.

„Richtig", sagte der Bürgermeister. Er hieß Maximilian Unsinn.

## Der Alte vom Berg und die Hexe

Der Alte war ein böser Geist. Von dem Berg, auf dem er hauste, ließ er Steinlawinen niederpoltern. Sie verschütteten Felder und Wiesen und begruben die Häuser der Menschen.

Eines Tages kam eine fremde Frau in das am meisten bedrohte Bergdorf. Sie sagte: „Ich bin eine Hexe. Wenn ihr mich in euer Dorf aufnehmt, werde ich den bösen Alten vertreiben." „Gut", sagten die Leute.

Kurz darauf donnerte eine Lawine den Berg herunter. Dicht vor dem Dorf hielt ihr die Hexe die Hände entgegen. Da blieb die Lawine stehen, und Himbeersträucher wuchsen aus den Steinen heraus. Das wurmte den Alten so sehr, daß er auf Nimmerwiedersehen verschwand.

## Der große grüne Steinfresser

„Zehn Meter unter der Erde lebt der große grüne Steinfresser", erzählte Onkel Theo seinen Neffen und Nichten. „Noch niemand hat ihn gesehen. Wir wissen nur, daß er alle Steine auffrißt."

Dann sagte Onkel Theo: „Stellt euch vor, daß wir durch unsere Erdkugel eine riesenlange Röhre bohren könnten, die bis zur anderen Seite der Erde reicht. Wie weit würde da ein Stein fallen, den wir bei uns hineinwerfen?"

„Bis zur anderen Seite!" riefen die Kinder.

„Falsch", sagte Onkel Theo. „Der Stein würde nur zehn Meter tief fallen. Dann frißt ihn der große grüne Steinfresser."

Der Onkel schmunzelte. „Gute Nacht, meine Lieben, und träumt von ihm."

## Die zweite Geschichte vom kleinen schwarzen Ritter

Der kleine Ritter Robert war von Ritter Lanzelot als „Zwerg" verspottet worden. Der Zauberer Merlin hatte den jungen Mann bei sich aufgenommen und lehrte ihn zaubern. Robert wurde der kleine schwarze Ritter, weil er eine schwarze Rüstung trug, eine schwarze Rose im Schild führte und einen Rappen ritt ...

Eines Abends, als König Artus mit seinen Rittern beisammensaß, rief eine Stimme: „Ich, der kleine schwarze Ritter, fordere den eingebildeten Lanzelot zum Zweikampf! Wann und wo, soll der Angeber selbst bestimmen!"

„Sofort!" schrie Lanzelot wütend. „Auf der Wiese vor der Königsburg!"

Hastig ließ er sich rüsten und auf seinen Schimmel heben. Dann sprengte er aus der Burg hinaus. Der kleine schwarze Ritter erwartete ihn schon. Er hatte das Helmvisier geschlossen. Niemand erkannte ihn.

Lanzelot packte seinen Speer fester und galoppierte auf den Schwarzen los. Der Kleine saß ruhig auf seinem Rappen. Durch die Sehschlitze blickte er den anstürmenden Ritter scharf an. Dazu murmelte er Merlins Zauberspruch Nummer sieben. Da riß Lanzelot seinen Schimmel herum und floh. Der kleine schwarze Ritter verschwand wie ein Spuk.

Als Lanzelot zurückkehrte, redete er von einem bösen Zauber; aber die Leute tuschelten, daß er feige sei. Das traf ihn so schwer, daß er sich in seine Burg zurückzog und sich ein halbes Jahr lang nicht mehr blicken ließ.

## Eine Geschichte aus Rußland

Zar Iwan ließ im ganzen Land verkünden: „Jeder Mann darf mir eine Geschichte erzählen. Zu wem ich ‚Du lügst' sage, der bekommt hundert Goldstücke. Wenn ich den Kopf schüttle, gibt es zwanzig Peitschenhiebe hintendrauf!"

Da meldete sich ein Bäuerlein und erzählte: „Gestern flog ich auf eine Wolke hinauf. Sie brach auseinander, aber ich segelte sanft zur Erde zurück."

Der Zar nickte, und das Bäuerlein erzählte weiter: „Ich landete auf einer Wiese. Dort, großmächtiger Herrscher, hütete Euer Vater eine Schweineherde."

„Du lügst!" brüllte der Zar. „Mein Vater hat niemals Schweine gehütet!"

„Gewiß nicht", sagte das Bäuerlein und bekam die hundert Goldstücke.

## Lisa und die Wichtelmännlein

Lisa, ein armes Mädchen, wohnte in einem Häuschen am Waldrand. Was sie zum Leben brauchte, verdiente sie mit Saubermachen bei anderen Leuten. Eines Morgens kamen zwei Wichtelmännlein zu ihr und baten sie, bei dem jüngsten Wichtelkind die Taufpatin zu sein. „Gern", sagte Lisa und folgte ihnen in einen hohlen Berg.

Darin war alles klein und zierlich, aber sehr prächtig. Alle Wichtel waren festlich gekleidet. Lisa trug das Wichtelkind zur Taufe, dann wurde sie reich beschenkt entlassen.

Als sie nach Hause kam, war ihr Häuschen zu einem schönen, großen Haus geworden, und alles war aufs beste eingerichtet. „Danke, liebe Wichtel!" rief Lisa zum Wald hinüber.

*(Nach den Brüdern Grimm)*

# Daniela zählt Schäfchen

Die kleine Daniela hatte die Masern. „Nichts Schlimmes", sagte der Doktor. „Du wirst bald wieder gesund sein. Aber jetzt mußt du im Bett bleiben."

Am dritten Abend konnte Daniela nicht einschlafen. Mutti sagte: „Stell dir eine Brücke vor, über die viele Schäfchen hinübergehen, eines nach dem anderen. Dann schließt du die Augen und zählst die Schäfchen. Wenn du das letzte gezählt hast, wirst du etwas Wunderschönes träumen. Wir zählen gemeinsam, ja?"

Daniela schloß die Augen und zählte mit Mutti: „Ein Schäfchen – zwei Schäfchen – drei Schäfchen – vier Schäfchen ..."

Da hörte Mutti auf, und Daniela zählte allein: „Fünf Schäfchen – sechs Schäfchen ..." – und so weiter. Ihre Stimme wurde immer leiser. Nach „sieben – – – und – – – – siebzig – – – – – Schäf ..." war Schluß. Mutti huschte aus dem Zimmer hinaus.

Daniela träumte Wunderschönes:

Sie konnte fliegen! Nicht in einem Flugzeug, sondern mit den eigenen Armen, so, wie ein Vogel fliegt. Sie flog zu den Chinesen, die sie aus dem Märchen „Des Kaisers neue Kleider" kannte. Der chinesische Märchenkaiser begrüßte sie und klatschte in die Hände.

Zwölf Diener schleppten eine Kiste herein. „Was darin ist, gehört dir, Mädchen", sagte der Kaiser ...

Da wachte Daniela auf.

Was in der Kiste war, träumt sie vielleicht ein andermal. Oder du träumst es und kannst es ihr sagen.

144

## Hilfe von oben

Vor langer Zeit, als wilde Reiter in unser Land einfielen, flohen Frauen, Kinder und verwundete Männer auf einen Berg. Dort fühlten sie sich sicher, denn die Hänge waren steil.

Die Feinde folgten ihnen trotzdem. Sie sprangen von ihren Pferden und kletterten wie Katzen den Hang hinauf. Da rief eine Frau: „Herrgott im Himmel, hilf uns!"

Das Wunder geschah. Faustgroße Hagelkörner prasselten auf die Verfolger nieder, daß sie Hals über Kopf ins Tal hinunterpurzelten. Dort sprangen sie auf ihre Gäule und galoppierten davon. Donnerschläge und Blitze folgten ihnen.

Die Leute auf dem Berg saßen im Sonnenschein und dankten dem Herrn für die Rettung.

*(Aus Österreich)*

## Gate Nucht

Es war einmal ein Geist, der sagte „a" statt „u" und „u" statt „a". Wenn du gut achtgibst, wirst du trotzdem die Geschichte verstehen, die er mir erzählt hat. Hier ist sie:

„Eines Ubends ging ich um Afer des Flasses spuzieren. Du suh ich einen Munn, der im Wusser heramstrumpelte and am Hilfe schrie. Bevor ich ihm helfen konnte, sprung ein Jange ins Wusser and zog den Munn herus. Der Munn bedunkte sich and gub dem Jangen zwunzig Murk. Dunn sugte er ‚Gate Nucht' and ging nuch Huase."

Dann fragte mich der Geist: „Hust da ulles verstunden?"

Ich antwortete: „Ju, mein Lieber. Leb wohl and much's gat!"

## Die Puppen-Landpartie

Der Puppen-Papa und die Puppen-Mama machten mit ihren Kindern Fritzchen, Ännchen und Susi eine Fahrt ins Grüne. Das nannten sie eine Landpartie. Die Puppenfamilie fuhr in einer Pferdekutsche. Der Papa und Fritzchen saßen auf dem Kutschbock. Papa knallte mit der Peitsche. Im offenen Wagen machten es sich die Mama und die Mädchen bequem. Und weil die Puppenfamilie vornehm war, redeten alle in Versen.

„Wir Puppen reisen, wie sich's gehört", sprach der Papa, „mit Wagen und Pferd. Menschen, die rasen, finde ich dumm. Die sehen zu wenig, und dann macht es bumm! Und eine Menschenreparatur ist schwieriger als eine Puppenkur."

„Wie schön ist eine Landpartie!" rief die Mama. „In aller Früh' fährt man hinaus in frische Luft und atmet Heu- und Blumenduft, bestaunt die Burgen auf den Bergen und träumt von Rittern und von Zwergen!"

Da stand eine Eisbude am Waldrand, und Fritzchen stöhnte: „Mir ist heiß. Ach bitte, Papi, kauf ein Eis!"

„Uns bitte auch, wir verdursten fast!" riefen die Mädchen. „Wir machen Rast", entschied der Papa ...

Wenn Fritzchen später gefragt wurde, was bei der Landpartie am schönsten war, antwortete er ungereimt: „Die Rast. Das Eis war super. Dann tobte ich mit Ännchen und Susi am Waldrand herum. Da wurden wir ganz toll dreckig. Das war das Allerschönste."

146

## Purzel muß zum Doktor

Der Teddybär Purzel war Monikas Liebling. Wenn sie ihn auf den Bauch drückte, verdrehte er die Augen und sagte: „Brumm."

Jetzt sagte er es nicht mehr, und die Augen verdrehte er auch nicht. Nachbars Dackel hatte ihn im Garten aus Monikas Puppenwagen herausgerissen, gebeutelt und stumm gemacht.

Vater versprach Monika einen neuen Teddybär, aber sie wollte keinen anderen als Purzel. Zum Glück kannte Opa einen Puppendoktor in der Stadt. „Sicher repariert er auch Teddybären", meinte er.

Purzel kam zum Puppendoktor, und nach drei Tagen war er wieder wie neu.

Monika jubelte und drückte ihn an sich. Und Purzel verdrehte die Augen und sagte: „Brumm."

## Ab mit den Bärten

Eine Sage erzählt, daß ein König aus alter Zeit mit seinen Rittern in einem Berg schlafe. Im nächsten großen Krieg würden sie auf die Erde zurückkehren und den Guten zum Sieg verhelfen.

In den Jahrhunderten, die sie im Berg verbrachten, sind ihnen die Bärte unheimlich lang gewachsen ...

Vorgestern kam ein Frisör ganz zufällig in den Berg hinein und schnitt dem Kaiser und seinen Rittern die Bärte auf unsere moderne Länge ab.

Als die Gestutzten erwachten, betrachteten sie sich im Spiegel. Sie gefielen sich so sehr, daß sie nie wieder kämpfen wollten.

„Es wäre schade um die neuen Bärte", sagten sie und besprühten sich mit Kölnisch Wasser.

# Der Soldat und der Teufel

Ein alter Soldat, der im Krieg ein Bein verloren hatte, hauste in einer ärmlichen Hütte. Sein ganzer Stolz war ein Apfelbaum in seinem Gärtchen. Leider stahlen ihm Diebe oft die schönsten Äpfel weg.

Eines Tages beherbergte er einen Fremden, der Zauberkräfte besaß.

„Weil du gut zu mir warst, erfülle ich dir einen Wunsch", sagte der Fremde am anderen Morgen.

„So wünsche ich mir", sagte der alte Soldat, „daß ich jeden, der auf meinen Apfelbaum steigt, so lange dort festhalten kann, wie ich will."

Der Fremde versprach es und ging.

Bald darauf kam der Teufel, um den alten Soldaten zu holen. Da bat dieser: „Laß mir ein wenig Zeit, daß ich hier Ordnung mache. Steig inzwischen auf den Apfelbaum. Die Äpfel sind reif."

Der Teufel leckte sich die Lippen. Als er jedoch auf dem Baum saß, rief der alte Soldat. „Jetzt bleibst du oben!"

Sechs Monate lang hockte der Teufel im Apfelbaum und konnte keinen Bösewicht mehr holen. Die Verbrecher wurden immer mehr, und die ehrlichen Leute stöhnten.

Da sagte der alte Soldat zum Teufel: „Wenn du mir versprichst, mich in Ruhe zu lassen, geb' ich dich frei."

Der Teufel versprach es. Dann raste er davon, um die Bösen zu holen. Die ehrlichen Leute atmeten auf.

*(Nach einem französischen Märchen)*

## Peter und die Fee

Der kleine Peter machte mit seinen Eltern Ferien auf dem Bauernhof. Am ersten Abend erzählte ihm Mutti vor dem Einschlafen eine Geschichte: „Ein Junge stand an einem Teich. Da schwamm ein Schwan auf ihn zu, und der Junge streichelte ihn. Der Schwan verwandelte sich in eine wunderschöne Fee. ‚Ich erfülle dir drei Wünsche‘, sagte sie." – Mehr hörte Peter nicht. Er war eingeschlafen.

Am nächsten Morgen ging er zu dem Teich, der zum Bauernhof gehörte. Auf dem Wasser waren Gänse. Eine schwamm auf Peter zu.

Ob die auch eine Fee ist? dachte er und streckte ihr die Hand entgegen. Sie biß ihn in den Finger. Als er davonlief, schnatterte sie hinter ihm her. Sie war keine Fee, sie war wirklich eine Gans.

## Der Froschprinz

Das Märchen vom „Froschkönig" kennst du bestimmt. Die Geschichte vom „Froschprinzen" erzähle ich dir jetzt:

Ein Froschprinz wurde von einer Froschhexe in einen Menschen verwandelt. Er sollte erst dann wieder ein Frosch werden, wenn ihm ein Froschmädchen einen Kuß gäbe. Weil der Verzauberte nichts gelernt hatte, was den Menschen nützlich war, mußte er die schwersten und schmutzigsten Arbeiten verrichten. Wenn er zu Froschteichen eilte, um erlöst zu werden, flohen die Frösche vor ihm und quakten ihn aus dem Wasser heraus böse an ...

Heute prophezeite ihm eine Wahrsagerin, daß ihm die nächste Woche das große Glück bringen werde.

Drücken wir ihm die Daumen.

## Fisch oder Fleisch

Vor langer Zeit lebte ein Student in einer kleinen, billigen Kammer. Er war so arm, daß er oft hungern mußte.

Eines Abends trat ein schwarzer Mönch durch die Wand und sagte zu dem Studenten: „Du tust mir leid. Ab heute sollst du jeden Abend zur gleichen Zeit gutes Essen haben." Er klatschte in die Hände. Zwei Diener kamen durch die Mauer. Der eine trug ein Tablett, auf dem ein Fleischgericht und eine Flasche Rotwein standen, der andere brachte Fisch und Weißwein.

„Zwischen diesen Gerichten darfst du wählen", sagte der Mönch, „aber sprich kein einziges Wort dazu!"

Der Student nickte, und der Mönch löste sich in Nebel auf.

„Fisch oder Fleisch?" fragten die Diener. Der Student wies mit dem Finger auf das Fleischgericht. Im Nu stand es auf seinem Tisch. Die Diener und die Fischmahlzeit verschwanden ...

So ging es jeden Abend. Der Student aß zweimal Fisch in der Woche und fünfmal Fleisch, trank Wein dazu und fühlte sich pudelwohl.

An einem schwülen Sommerabend war er müde und hatte keinen rechten Appetit. Als die Diener durch die Wand kamen und ihn fragten, ob er Fleisch oder Fisch wollte, brummte er: „Heute gar nichts."

Die Diener verbeugten sich und gingen. Doch weil der Student geredet hatte, kamen sie nie wieder.

150

## Der Herr der Vampire

Flederix, der Herr der Vampire, war alt
und klapprig geworden. Seine gefürchteten langen Beißzähne wackelten, und jetzt
taten sie auch noch weh. Der Vampirdoktor Zahnreiß mußte sie ziehen. Dann
wackelten auch noch andere Zähne. „Die
bleiben drin!" knurrte Flederix. Leider
konnte er jetzt nicht mehr fest zubeißen.
Nicht einmal Mäuseblut bekam er mehr.

„Wenn du kein künstliches Gebiß möchtest, mußt du dich auf etwas anderes umstellen", sagte Doktor Zahnreiß.

Jetzt ißt der alte Flederix Rote-Rüben-Brei, Tomatenmark und Erdbeermarmelade. Dazu trinkt er Sauerkirschsaft.

Und kein Mensch muß sich nachts mehr
vor ihm fürchten.

## Flunkermeiers siebte Geschichte

Vor einiger Zeit suchte ich am Rande der
Wüste seltene Käfer. Plötzlich hörte ich
drohendes Knurren. Ich fuhr herum und
sah einen riesigen Löwen, der mich gierig
anstarrte. Ich war unbewaffnet. Der Löwe
brüllte und setzte zum Sprung an. Ich griff
mir ans Herz. Da spürte ich in der Brusttasche meine·Vergrößerungsbrille. Die setze
ich auf, wenn ich kleine Insekten viermal
so groß sehen möchte, wie sie sind.

Der Löwe sprang, und ich warf ihm die
Brille an den Kopf. Jetzt sah er mich als
schrecklichen Riesen und erschrak. Mitten
im Sprung machte er kehrt, überkugelte
sich und rannte davon.

Die Kosten für eine neue Brille zahlte
meine Versicherung.

## Ein Glöckchen für die Katze

Als die Katze den Mäusekönig gefangen hatte, rief die Mäusekönigin alle Mäuse zusammen. „Wir dürfen uns nicht länger von dem anschleichenden Raubtier überraschen lassen!" piepste sie zornig. „Wir müssen etwas tun, damit wir die Katze kommen hören und rechtzeitig verschwinden können!"

„Jaaa!" riefen die Mäuse. Und ein Mäuserich sagte: „Am besten hängen wir der Katze ein Glöckchen um den Hals. Dann hören wir sie von weitem." Der Vorschlag wurde angenommen.

„Und wer soll der Katze das Glöckchen umhängen?" fragte eine Mäusedame.

Das traute sich niemand zu. – Und so muß jedes Mäuslein weiterhin selbst auf sich aufpassen.

*(Nach einer alten Fabel)*

## Peter und Piepsi

Peter war ein schwarzer Kater, Piepsi eine weiße Maus. Sie gehörten der kleinen Manuela und waren Freunde. Manchmal, wenn Peter schlief, machte es sich Piepsi auf seinen Pfoten bequem. Während Manuela in der Schule saß, wohnte Piepsi in einem Mäusekäfig.

Jetzt war Piepsi verschwunden. Manuela zerrte den Kater her und schrie ihn an: „Du hast den Käfig aufgemacht und Piepsi gefressen!" Der Kater riß sich los – und kam kurz darauf zurück. Im Maul trug er das Mäuslein, das im Flur umhergehuscht war. Und Manuela erinnerte sich, daß sie den Käfig am Morgen nicht verschlossen hatte.

Kater Peter bekam die besten Leckerli und viele Streicheleinheiten dazu.

## Die Henne und die Ameise

Eine Henne saß im Stall und schrie: „Gag-gag-gag-gaa! Gag-gag-gag-gaa! Gag-gag-gag-gaa!" Das hieß: „Ich hab' ein Ei gelegt! Ich hab' ein Ei gelegt! Ich hab' ein Ei gelegt!" Eine Ameisenkönigin, die gerade vorüberkam, fragte: „Warum plärrst du denn so?"

„Ich hab' ein Ei gelegt! Ich hab ein Ei gelegt!" schrie die Henne. „Gag-gag-gag-gaa! Gag-gag-gag-gaa!"

„Wie viele Eier legst du am Tag?" erkundigte sich die Ameise.

„Eines!" rief die Henne. „Ich hab' ein Ei gelegt! Gag-gag-gag-gaa!"

„Ich lege viele hundert Eier", sagte die Ameisenkönigin. „Was für ein Lärm wäre das, wenn ich nach jedem Ei so schreien würde wie du."

*(Nach einer alten Fabel)*

## Das Schweinchen und der Wolf

Ein Wolf, der Appetit auf Schweinebraten hatte, klopfte bei einem Schweinchen an. „Hinter dem Hof des alten Bill hab' ich Rüben entdeckt", sagte er. „Ich hol' dich morgen um sieben Uhr ab. Dann ziehen wir die dicksten heraus."

„O ja!" rief das Schweinchen hinter der versperrten Haustür ...

Als der Wolf dann wiederkam, sagte das Schweinchen: „Ich war schon auf dem Feld. Meine Rüben kochen im Kessel. Mich kriegst du nicht!" Der Wolf sprang auf das Dach und rumpelte durch den Schornstein. Das Schweinchen zog der Deckel vom Kochkessel.

Der Wolf plumpste in das heiße Wasser und verbrühte sich sein Hinterteil. Schreiend rannte er davon und kam nie wieder.

*(Aus Amerika)*

# Der Kasperl und der wilde Stier

Zu Mittag hatte der Kasperl viel zu viel gegessen. Jetzt joggte er auf der Wiese zwischen dem Bach und dem Waldrand. Er machte das berühmte Kasperl-Jogging: drei schnelle Schritte – zwei langsame – drei schnelle – zwei langsame ... Dazu sagte er: „Eins, zwei, drei – Speck – weg – – eins, zwei, drei – Speck – weg."

Da brach ein wilder Stier durch das Gestrüpp am Waldrand und donnerte auf den Kasperl zu.

Wenn dieses Rindvieh nicht dem Räuber Hurraxdax gehört, verschluck' ich einen Besen, dachte der Kasperl. Blitzschnell warf er sich zur Seite. Der Bulle galoppierte an ihm vorüber und sauste in den Bach hinein. Und der Kasperl sah hinter einem Busch am Waldrand den Räuber Hurraxdax lauern. Na warte! dachte er und lief auf das Gestrüpp zu.

Der Stier hatte sich herumgeworfen und raste wutschnaubend hinter dem Kasperl her. „Komm, komm!" spottete dieser und stellte sich genau vor den versteckten Räuber.

Der Stier donnerte heran, und wieder sprang der Kasperl dicht vor ihm weg. Der Bulle konnte nicht rechtzeitig bremsen. Er brach durch das Gestrüpp, nahm statt des Kasperls den Räuber auf die Hörner und galoppierte mit ihm in den Wald hinein.

„Gute Reise, Hurraxdax!" rief der Kasperl und lief nach Hause. Das Abenteuer hatte ihm Appetit gemacht.

## Der Dummkopf und die Spitzbuben

Zwei Spitzbuben schlichen an einen Dummkopf hinan, der einen Esel hinter sich herzog. Der eine nahm dem Esel das Seil ab und legte es um den eigenen Hals. Der andere zog den Esel hinter ein hohes Gestrüpp.

Jetzt ging der erste Spitzbub nicht weiter. Der Dummkopf wandte sich um, sah einen Mann am Seil und erschrak.

„Ich bin dein Esel", sagte der Fremde. „Ein böser Geist verzauberte mich in diese Gestalt, und jetzt ist der Zauber vorbei."

„Verzeih mir, daß ich dich mit Lasten beladen habe und auf dir geritten bin!" rief der Dummkopf, gab ihn frei und schenkte ihm einen Beutel voll Geld noch dazu. Der Entzauberte sprang davon, und der Dumme winkte ihm nach.

*(Aus Arabien)*

## Der Schatz des Räubers

Am Nachmittag des 31. März 1907 fand der geizige und nicht sehr gescheite Herr Ixmaier einen Zettel vor seiner Haustür. Darauf war ein Plan gekritzelt. Darunter stand geschrieben:

„Ich, der Räuber Rinaldo, vergrabe hier meinen Schatz. Wenn ich nicht zurückkehre, soll er in der Nacht vom 31. auf den 32. März ausgegraben werden, ganz genau um Mitternacht!"

Herr Ixmaier schnaufte. Die auf dem Plan angekreuzte Stelle lag in seinem Garten, das Datum war heute!

Er grub genau um Mitternacht, stieß auf eine Truhe, öffnete sie – und Pferdeäpfel lagen darin! Vom Nachbarzaun lachten die Burschen herüber, die den Geizhals in den April geschickt hatten.

## Der dumme Michail

Michail war ein lieber Junge, aber leider strohdumm. Einmal arbeitete er auf einem Bauernhof und bekam als Lohn drei Kupfermünzen. Er behielt sie in der Hand und verlor sie auf dem Nachhauseweg.

„Du hättest sie in die Tasche stecken sollen!" schimpfte die Mutter. „Das nächste Mal tu' ich's", versprach der dumme Michail.

Kurz darauf bekam er als Arbeitslohn sehr weichen Käse, den steckte er in seine große Jackentasche. Zu Hause war der Käse zermatscht, und die Jacke mußte gewaschen werden.

„Du hättest ihn in einem Topf tragen sollen", tadelte die Mutter. „Das nächste Mal tu' ich's", versprach der dumme Michail.

Dann verdiente er sich ein Kaninchen. Er steckte es in einen Topf, und es rannte da-

von. „Du hättest es auf die Schultern nehmen sollen", seufzte die Mutter. „Das nächste Mal tu' ich's", versprach der dumme Michail.

Für schwere Arbeit erhielt er dann einen Esel. Er wuchtete ihn auf die Schultern und wankte heimzu. Da schaute die Tochter des Bürgermeisters zum Fenster heraus. Sie war sehr schön, aber ein Schreck hatte sie stumm gemacht. Ihr reicher Vater wollte sie mit dem Mann verheiraten, der ihr die Sprache wiedergebe.

Als sie jetzt Michail mit dem Esel auf den Schultern sah, lachte sie und rief: „Die sind aber komisch!"

Der dumme Michail bekam sie zur Frau, wurde reich, und sie lebten glücklich bis an ihr Ende.

*(Aus Bulgarien)*

156

## Ein Glückspfennig

Ein Knecht hatte für harte Arbeit einen lumpigen Pfennig Lohn bekommen. Vielleicht ist es ein Glückspfennig, dachte er. Auf dem Weg zum Hafen begegnete er einem Kapitän und bat ihn, für den Pfennig Ware zu kaufen.

„Viel wird es nicht sein", meinte der Kapitän und kaufte für den Pfennig einen Kater, den Kinder ins Meer werfen wollten.

Nach langer Fahrt ankerte das Schiff vor einer Insel, die von Ratten überlaufen war. Der Häuptling bot dem Kapitän Gold und Silber, wenn er die Rattenplage beende. – Der Kater räumte auf.

Nach der Heimkehr gab der Kapitän dem Knecht die Hälfte des Schatzes. Der Pfennig war zum Glückspfennig geworden.

*(Aus Kroatien)*

## Ein Pfennig Trinkgeld

Im Sommer 1920 fuhr ein amerikanischer Millionär mit einem einzigen Begleiter durch Deutschland. Um nicht angebettelt zu werden, reiste er unter falschem Namen. Sie übernachteten und speisten in vornehmen Hotels. Den Kellnern, von denen sie bedient wurden, gab der Millionär jedesmal einen Pfennig Trinkgeld.

Die Ober machten hochmütige Gesichter dazu, und keiner bedankte sich – bis auf einen. Der verbeugte sich und sagte: „Vielen Dank, der Herr."

Der Millionär nickte ihm zu.

„Ich habe ganz klein angefangen und war für jeden Pfennig dankbar", sagte er ernsthaft. Dann kaufte er das Hotel und schenkte es dem freundlichen Kellner mit allem, was dazugehörte.

# Gute Nacht, Ameisenkönigin

Aus einem Getreidesack fielen hundert Körner auf den Weg hinunter. Neben dem Weg war ein Ameisenbau.

Da schleppte die erste Ameise ein Korn in den Ameisenbau. Dort zählte die Ameisenkönigin: „Eins." Dann schleppte die zweite Ameise ein Korn in den Ameisenbau. Dort zählte die Ameisenkönigin: „Zwei." Dann schleppte noch die dritte Ameise ein Korn in den Ameisenbau. Dort zählte die Ameisenkönigin: „Drei." Dann schleppte die vierte Ameise ein Korn in den Ameisenbau. Dort zählte die Ameisenkönigin: „Vier." Dann …

Jetzt kannst du selbst weitererzählen, bis die hundertste Ameise das hundertste Korn in den Ameisenbau schleppt und die Ameisenkönigin „Hundert" zählt.

Dann sagte die Ameisenkönigin zu den Ameisen: „Das habt ihr gut gemacht."

Da freuten sich die erste Ameise, die zweite Ameise, die dritte Ameise, die vierte Ameise, die fünfte Ameise, die sechste Ameise, die siebte …

Und so weiter bis zur hundertsten.

Dann sagte die erste Ameise: „Gute Nacht, Ameisenkönigin", und schlief ein. Dann sagte die zweite Ameise: „Gute Nacht, Ameisenkönigin", und schlief ein. Dann sagte die dritte Ameise: „Gute Nacht, Ameisenkönigin", und schlief ein. Dann sagte die vierte Ameise …

Wenn du wieder bis zur hundertsten Ameise weitererzählt hast, darfst auch du einschlafen. Gute Nacht, und träum was Schönes.

## Eins und eins

Eins und eins ist zwei. Der Fuchs mag keinen Brei. Warum, das kann ich dir nicht sagen, da mußt du schon den Fuchs drum fragen.

Zwei und zwei ist vier. Die Katze trinkt kein Bier. Warum, das kann ich dir nicht sagen, da mußt du schon die Katze fragen.

Drei und drei ist sechs. Kein Heu frißt Pudel Rex. Warum, kann ich dir auch nicht sagen, da mußt du schon den Pudel fragen.

Vier und vier ist acht. Der Maulwurf niemals lacht. Warum? Wie soll ich dir das sagen? Da mußt du schon den Maulwurf fragen.

Fünf und fünf ist zehn. 's wird Zeit zum Schlafengeh'n. Frag nicht, warum, und mach geschwind die Augen zu. Schlaf gut, mein Kind.

## Aus klein wird groß

Aus einem Gänschen wird eine Gans, aus einem Hänschen wird ein Hans; aus einem Bienchen eine Biene, aus Karolinchen Karoline.

Aus einem Mäuschen wird eine Maus, aus Kläuschen wird ein Nikolaus; aus Katerchen ein Kater später, aus Peterchen der große Peter.

Das Lenchen wird zur Lene dann, das Hähnchen bald zum Gockelhahn; klein Gerdchen wird zum großen Gerd, das kleine Pferdchen wird zum Pferd.

Und aus dem Kälbchen wird das Rind, das geht geschwind.

Das Rind sagt: „Muuuh."

Und was sagst du?

Jetzt sagst du am besten: „Gute Nacht", und machst die Augen zu.

## Betrogene Betrüger

Zwei Fremde boten einem reichen Mann rote und grüne Edelsteine billig zum Kauf an. Der Geizhals handelte den Preis noch um die Hälfte herunter und freute sich, ein so gutes Geschäft gemacht zu haben.

Am nächsten Morgen erkannte er, daß ihn die Fremden betrogen hatten. Die angeblichen Rubine und Smaragde waren aus rotem und grünem Glas, die Betrüger verschwunden.

Der Geizhals ärgerte sich eine Weile, dann lachte er. Die Goldstücke, die er den Schwindlern bezahlt hatte, waren Falschgeld. Sie bestanden aus wertlosem Metall, das mit einer hauchdünnen Goldschicht überzogen war.

*(Aus der Türkei)*

## Wie ein Hirtenmädchen Zarin wurde

Im Hof des Zarenschlosses stand ein uralter Stein. „Das Mädchen, das aus ihm einen Tropfen Blut herausbringt, mache ich zu meiner Gemahlin", versprach der Zar. Ein Hirtenmädchen meldete sich.

„Großmächtiger Zar", sagte es, „gib dem Stein ein Herz und eine Seele, dann werde ich ihn mit dem Messer ritzen, und er wird bluten."

„Eine kluge Antwort", lobte der Zar, „doch nenne mir noch jemanden, der zur gleichen Zeit Riese und Zwerg ist."

Das Mädchen antwortete: „Das ist der Mensch. Bei den Riesen ist er ein Zwerg, bei den Zwergen ein Riese."

„Eine klügere Gemahlin kann ich nicht bekommen", sagte der Zar und machte das Hirtenmädchen zur Zarin.

*(Aus Bulgarien)*

## Flunkermeiers achte Geschichte

Vor sieben Wochen war ich mit meinem Ein-Mann-Unterseeboot im Atlantischen Ozean unterwegs, um Tiefseefische zu fotografieren.

Plötzlich machte es knacks. Sämtliche Maschinen fielen aus. Das Unterseeboot sank auf den Meeresboden und blieb da liegen. Ich wollte aussteigen, doch die Luke klemmte. In tödlicher Tiefe war ich gefangen.

In höchster Not kam mir der rettende Gedanke. Ich nahm von meinem Unterseeboot die Buchstaben „Unt" weg und ersetzte sie durch „Üb". So wurde ein Überseeboot daraus. Und weil ein Überseeboot auf dem Meeresboden nichts zu suchen hat, tauchte es auf. Ich war gerettet. Ahoi!

## Der schlaue Dieb

Ein Armenier hatte in einem griechischen Dorf Feigen von einem Baum gepflückt und verzehrt. Jetzt stand er als Dieb vor dem griechischen Richter.

„Ich bitte Euer Ehren, mich so zu bestrafen, wie Diebe in meinem Lande bestraft werden", bat der Armenier.

„Das ist ein guter Vorschlag", meinte der Richter. „Und wie werden Diebe in deinem Lande bestraft?"

Der Armenier antwortete: „Man sucht einen Mann, der noch nie gestohlen hat. Dieser verabreicht dem Dieb fünfzig bis hundert Stockhiebe." Der Richter befahl, ihm einen so ehrlichen Mann zu bringen. Alle Polizisten suchten – und fanden keinen. Der schlaue Armenier wurde freigelassen.

*(Aus Griechenland)*

## Die dritte Geschichte vom kleinen schwarzen Ritter

Der kleine schwarze Ritter war von den eingebildeten Helden des Königs Artus als Zwerg verspottet worden. Dann hatte ihn der Magier Merlin zaubern gelehrt.

Jetzt forderte der starke Gawan den „Zwerg" zum Zweikampf heraus.

Der Kampf fand vor der Königsburg statt. Als Ritter Gawan in blitzender Rüstung auf seinem braunen Hengst geritten kam, klatschten ihm die Hofleute Beifall. Den kleinen schwarzen Ritter, der seinen Rappen ritt, lachten sie aus.

Die Kämpfer klappten die Visiere herunter und legten die Lanzen zum Stoß ein. Der König gab das Zeichen. Gawan galoppierte an. Der kleine schwarze Ritter murmelte Merlins Zauberspruch Nummer fünf. Da flog dem Gawan die Lanze aus der Faust, zischte zum Himmel hinauf und verschwand in einer Wolke. Der kleine schwarze Ritter flüsterte den Spruch Nummer dreizehn. Gawans Pferd verwandelte sich in einen Esel und rannte mit seinem Reiter davon. Einige Hofdamen kicherten.

Der König winkte den Sieger zu sich.

„Warum kämpfst du nicht wie ein Held?!" fuhr er ihn an. Der kleine schwarze Ritter antwortete: „Warum sollte ich jemanden blutig schlagen, wenn es nicht nötig ist?" Er verneigte sich und ritt davon.

Gawan kam nach einer Woche zurück. Die Leute nannten ihn den „Eselritter".

## Der Wunderheiler

Bei einem Festmahl blieb der Tochter des Königs eine Fischgräte im Halse stecken. Niemand konnte helfen. Die Prinzessin drohte zu ersticken. Da erinnerte sich ein Küchenmädchen an einen Schäfer, der sich als Wunderheiler ausgegeben hatte. Der König ließ ihn holen.

„Wenn du hilfst, bekommst du einen Sack voll Golddukaten", sagte er. „Wenn nicht, laß ich dich in den Kerker werfen."

Der Schäfer wurde zur Prinzessin geführt. Da streckte er die Zunge heraus, wackelte mit den Ohren und hüpfte auf einem Bein. Darüber lachte sie so heftig, daß ihr die Gräte aus dem Hals hinaussprang. Der Schäfer floh mit dem Gold aus dem Lande. Ein zweites Mal, dachte er, käm' ich nicht so davon.

(Aus Frankreich)

## Ein indisches Märchen

In Indien lebte einst ein Bettler, der besaß nichts anderes als die Lumpen, die er am Körper trug. Da seufzte er eines Abends: „Wenn ich doch ein Gemüsehändler mit einem Wagen wäre und einem Büffel, der ihn zieht." Das hörte der Gott der Inder und sagte: „Es sei."

Als der Bettler am anderen Morgen erwachte, hatte er einen Wagen voll Gemüse und den Büffel dazu.

Doch das Händlerleben gefiel ihm nicht lange. Bald wollte er ein Fürst sein, der auf einem Elefanten ritt. Auch dieser Wunsch wurde erfüllt. Da wurde der Mann übermütig. „Jetzt will ich der Gott aller Inder sein", murmelte er vor dem Einschlafen. Als er erwachte, lag er wieder in seinen Lumpen am Wegrand.

# Kannitverstan

In alter Zeit kam ein deutscher Handwerksbursch in die holländische Handelsstadt Amsterdam. Dort standen prächtige Häuser. In den Straßen und Gassen ratterten Pferdewagen, und geschäftige Leute eilten hin und her. Da kam dem Deutschen sein Heimatstädtchen im Schwarzwald armselig vor. Und er fragte einen Holländer: „Wem gehört dieses prächtige Haus da vor uns?" Der Mann antwortete: „Kannitverstan", und eilte weiter.

„Kannitverstan" ist holländisch und heißt auf deutsch: „Ich kann Euch nicht verstehen." Der Handwerksbursch meinte, daß es der Name des Mannes sei, dem das prächtige Haus gehörte. Er dachte an Vaters Häuschen und beneidete den reichen Herrn Kannitverstan um seinen Palast.

Dann kam er zum Hafen, in den soeben ein riesiges Handelsschiff einlief.

„Wem gehört es?" fragte er einen Seemann. „Kannitverstan", antwortete dieser. Und der Handwerksbursch beneidete den Herrn Kannitverstan noch mehr.

Er ging in die Stadt zurück und begegnete einem prächtigen Leichenzug. „Wer wird da begraben?" fragte er einen Trauernden. „Kannitverstan", antwortete der Mann in Schwarz.

Da senkte der Handwerksbursch den Kopf. Du armer, reicher Herr Kannitverstan, dachte er. Wenn es zu Ende geht, hast du nicht mehr als ich. Er folgte dem Leichenzug und sprach am Grabe des Herrn Kannitverstan ein stilles Gebet.

*(Nach Johann Peter Hebel)*

## Die Wunderpflanze

Der Gärtnermeister Florian beschloß, eine Wunderpflanze zu züchten. Sie sollte an einer einzigen Wurzel und an einem einzigen Stiel sechs Früchte tragen, weil die Sechs Herrn Florians Glückszahl war. Dann könnten die Bauern auf ihren Feldern sechsmal so viel ernten wie bisher!

Die Leute, denen Florian davon erzählte, sagten: „Der spinnt."

In einer Vollmondnacht träumte er von seiner Wunderpflanze. Er sah sie genau vor sich. Dann züchtete er in zehn Jahren langer Arbeit die Radieschen-Kartoffel-Kohlrabi-Blumenkohl-Tomaten-Erdbeer-Staude. Sie wird noch nicht verkauft, doch wer sie bewundern will, kann sie im Traum sehen. Da kostet es nichts.

## Mutter Mi

Die Geschichte von dem Hirtenjungen, der den Riesen Goliath besiegte, kennen wir aus der Bibel. Die Geschichte von Mutter Mi, die den gefährlichen Mau in die Flucht schlug, kennen wenige.

Die Mäusemutter Mi wohnte mit ihren sieben Jungen in einem Mausenest unter der Erde. Mau war ein Kater, der Mäuse zum Fressen gern hatte.

Eines Tages lauerte er vor dem Erdloch der Mäusefamilie. Mutter Mi sah ihn von unten her und sorgte sich um ihre Kinder. Sie sprang dem Kater an die Nase und biß ihn mit ihren scharfen Zähnchen. An der Nase war Mau sehr empfindlich. Er nieste und verschwand.

„Bravo, Mi!" rief ein Sperling von der Fichte herunter.

## Der Prügelknabe

Vor dreihundert Jahren – das ist lange her – diente der neun Jahre alte Jörg am Hofe eines Fürsten als Prügelknabe.

Das bedeutete, daß er für den Sohn des Fürsten die Schläge bekam, die dieser verdiente. Prinz Ferdinand, so hieß der Fürstenbengel, war ebenfalls neun Jahre alt und mußte zusehen, wenn der Prügelknabe die Hiebe für ihn erhielt.

Der kleine Jörg wurde dafür bezahlt. Deshalb hatten ihn seine Eltern, die arme Teufel waren, an den Fürstenhof geschickt. Das Prügelgeld half der neunköpfigen Familie über die größte Not hinweg.

Prinz Ferdinand hatte kein Mitleid mit dem Bauernjungen. Manchmal stellte er besonders Schlimmes an und freute sich, wenn sich der Prügelknabe unter den Schlägen krümmte. Jörg biß die Zähne zusammen und hielt durch. Einmal zahl' ich's dir heim! nahm er sich vor.

Das taten andere für ihn. Einige Dorfbuben, die zugesehen hatten, wie Jörg im Schloßhof für den Prinzen geschlagen wurde, lauerten dem Fürstenbengel auf und vermöbelten ihn. Jörg freute sich darüber. Für den Überfall erhielt er am nächsten Morgen zwanzig Hiebe ...

Seither sind dreihundert Jahre vergangen. Die Nachkommen aus der Familie des Prinzen Ferdinand sind arme Leute wie einst die Eltern des Prügelknaben.

Ein Nachkomme aus Jörgs Familie ist heute Minister.

166

## Enver, der Glückspilz

Enver hatte an der Dummheit anderer Leute viel Geld verdient. Auf der Wanderschaft war er Männern begegnet, die links und rechts an einem Balken zerrten.

„Wir ziehen ihn auseinander, damit er länger wird", erklärten sie. Enver nagelte einen zweiten Balken an den ersten, und die Männer bezahlten ihn gut dafür.

Vor einem Bauernhof versuchten die Leute Nüsse mit Heugabeln auf einen Wagen zu laden. Enver ließ sie Schaufeln nehmen. Der Bauer belohnte ihn reich.

In einer fremden Stadt schlugen Frauen am Abend mit Besen herum, um die Dunkelheit zu vertreiben. Enver machte ihnen Fackeln und wurde fürstlich beschenkt.

Das erzählen die Alten in Envers Dorf.

(Aus Albanien)

## Der Hut des Teufels

In der Nähe von Altenburg liegt ein riesiger Felsbrocken. Er ist so groß und so schwer, daß ihn hundert Pferde nicht fortziehen könnten. Von ihm erzählt eine Legende:

„Das ist der richtige Hut für mich", sagte einst der Teufel, legte den mächtigen Stein auf seinen Kopf und ging damit umher. Und er prahlte: „Nur ich kann diesen Brocken tragen; denn stärker, als ich bin, ist niemand!"

Da erschien Christus, der Herr, steckte den Stein an seinen Finger und trug ihn als Ring. Beschämt flog der Teufel davon.

Die Eindrücke vom Kopf des Satans und vom Finger des Herrn sind auf dem Felsblock noch heute zu sehen.

(Nach den Brüdern Grimm)

## Der süße Brei

Oma erzählte der kleinen Lisa das Märchen vom süßen Brei:

„Es waren einmal ein armes Mädchen und seine Mutter, die hatten nichts mehr zu essen. Da schenkte eine alte Frau dem Mädchen ein Töpflein und sagte: „Wenn du ihm ‚Töpfchen koch!' befiehlst, wird es süßen Grießbrei kochen. Soll es aufhören, sag: Töpfchen steh!" Da hatte die Not ein Ende.

Einmal, als das Mädchen weggegangen war, ließ die Mutter das Töpfchen kochen – dann hatte sie die Worte vergessen, die es aufhören ließen. Der Brei kochte über und füllte das ganze Haus. Da kam das Mädchen zurück, rief: ‚Töpfchen steh!', und es kochte nicht weiter."

„Immer nur Grießbrei möcht' ich nicht essen, Oma", sagte die kleine Lisa.

## Patrick und die Elfen

In alter Zeit, als es noch Elfen gab, lebte der junge Patrick, der wunderschön Flöte spielte. Die Leute gingen ihm aus dem Wege, manche verspotteten ihn sogar. Sein Rücken war zu einem großen Höcker ausgewachsen.

In einer Johannisnacht saß der Bucklige am Fuße eines Felsens. Er biß die Zähne zusammen, um nicht zu weinen.

Da schrak er auf. Silberhelle Elfen erschienen auf der Wiese vor ihm. Sie sangen und tanzten. Ihr Gesang war so schön, daß Patrick dazu ganz leise auf seiner Flöte pfiff ...

Als er am nächsten Morgen erwachte, war er von seinem Höcker befreit. Und von da an hatte er Glück in allem, was er unternahm.

*(Nach einem irischen Märchen)*

## Die Zauberjacke

Ein verwundeter Soldat wurde von seinem König ohne Geld und Dankeschön entlassen. Ein alter Mann schenkte ihm eine zerlumpte Jacke. „Sie wird dir nützlich sein", sagte der Alte und verschwand. Es war eine Zauberjacke. Sooft der Soldat in die Tasche griff, zog er eine Handvoll Goldstücke heraus.

Da stellte er sich vor das Schloß und schimpfte auf den König. Dieser befahl den Schloßwächtern, den Zerlumpten zu verhaften. Der Soldat gab ihnen Gold, und sie gingen mit ihm.

Dann kaufte er auch alle Soldaten, vertrieb den ungerechten König und setzte sich selbst auf den Thron. Und weil er gerecht regierte, waren die Leute mit ihm zufrieden.

*(Aus Böhmen)*

## Die Dukatenzweiglein

An einem Abend ging ein armer Holzknecht von der Arbeit nach Hause. Da sah er am Waldrand einen Baum mit wunderschönen gelben Blüten stehen. Er brach drei Zweiglein ab und steckte sie an seinen Hut.

Als er in sein Dorf kam, riefen die Leute: „Seht den Hungerleider an! Der Angeber hat sich Golddukaten an den Hut gesteckt!"

„Ich?" fragte der Holzknecht verwundert. Er nahm den Hut ab und sah, daß sich die gelben Blüten in Goldstücke verwandelt hatten. Da erzählte er den Leuten von dem Wunderbaum.

Alle liefen zum Waldrand; doch der Baum mit dem Goldsegen war und blieb verschwunden.

*(Aus Oberbayern)*

169

# Flunkermeiers neunte Geschichte

Ein besonders gefährliches Abenteuer erlebte ich als Astronaut. Ich war mit meinem Raumschiff (Marke Eigenbau) auf dem Stern Piliputanus gelandet.

Als ich eine Felsgruppe fotografieren wollte, stürzte ein drei Meter langer Riese auf mich zu. Er trug die Uniform eines piliputanischen Generals und bedrohte mich mit einer riesengroßen Laserpistole.

„Ich bin ein friedlicher Mensch!" rief ich ihm in seiner Sprache zu, denn vor meiner Weltraumfahrt hatte ich Piliputanisch gelernt.

Er antwortete mit Donnerstimme: „Du bist auf meinem Stern gelandet und wirst als Sklave für mich arbeiten!"

Da fiel mir ein, daß im piliputanischen Fernsehen eine Superserie lief. Blitzschnell hängte ich meinen tragbaren Fernseher an eine Felszacke und stellte ihn auf den Superfilm ein.

TIM ZULU DETTE FIFI SASSA IN RUKU LANI! flimmerte es vom Bildschirm. Das heißt auf deutsch: „Mit Zulu Dette Fifi sitzen Sie in der ersten Reihe!" (Zulu Dette Fifi ist der beliebteste piliputanische Fernsehsender.)

Der Superfilm lief an. Der Riese steckte seine Pistole weg und starrte auf den Bildschirm. Während er guckte, rannte ich zu meinem Raumschiff und floh zur Erde zurück. Daß ich heil davonkam, war mir den Fernseher wert.

Wie ich später erfuhr, soll der Superfilm langweilig gewesen und der General dabei eingeschlafen sein.

## Dinge, die schützen

„Es gibt viele Dinge, die uns vor etwas schützen", sagte die Lehrerin in der dritten Klasse. Sie nannte ein Beispiel: „Die Schirme schützen vor Regen."

Und schon wußte Tanja auch eines: „Der Strohhut schützt vor dem Sonnenstich."

„Sehr gut", lobte die Lehrerin, und jetzt meldeten sich viele Kinder.

„Die Handschuhe schützen vor der Kälte", sagte Johannes. „Das Zähneputzen schützt vor faulen Zähnen", erklärte Sabine. Fast alle Kinder brachten Beispiele, und es wurde eine lebhafte Unterrichtsstunde. Zum Schluß rief Birgit, die vor vierzehn Tagen ein Brüderchen bekommen hatte: „Und die Pampers schützen vor Pipi!"

## Drachine

Drachine war eine große, stachlige Schmetterlingsraupe, die sich vor gar nichts fürchtete. Wegen ihrer Stacheln trauten sich nicht einmal die hungrigsten Vögel an sie.

Eines Tages kroch sie auf einer Eisenbahnschiene. Da donnerte ein Güterzug heran. Drachine richtete sich drohend auf und reckte ihre Fühler und Stacheln dem anrollenden Ungeheuer entgegen. Da kreischten die Bremsen. Eine Handbreit vor Drachine blieb der Zug stehen.

Ich habe ihn besiegt, dachte sie in der Raupensprache und kroch von der Schiene hinunter ...

In Wirklichkeit durfte der Zug nicht weiterfahren, weil das Signal zur Einfahrt in den Bahnhof auf Halt stand.

## Das weiße Kätzchen

Ein Fischer weit oben im Norden hatte einen großen weißen Bären gefangen, den wollte er dem König bringen. Er machte sich auf den weiten Weg, kam am Weihnachtsabend zum Hof des Bauern Olaf und bat um Unterkunft für sich und sein Tier.

„Zieh weiter", sagte der Bauer. „Jedes Jahr am Weihnachtsabend stürmen Trolle in meinen Hof. Sie werfen mich und meine Leute hinaus. Dann essen und trinken sie, bis nichts mehr übrigbleibt."

„Nimm mich trotzdem auf", bat der Fischer. „Ich lege mich unter dein Bett. Mein Bär kann hinter dem Ofen schlafen." Der Bauer war einverstanden und zog mit seinen Leuten aus.

Kurz darauf stürmten die Trolle herein: große und kleine, geschwänzte und gehörnte, langnasige und bocksfüßige. Sie futterten und schlürften, gurgelten und schmatzten. Da entdeckte einer den Bären hinter dem Ofen und hielt ihm ein Hühnerbein vor die Nase.

„Friß, Kätzchen!" quiekte er. Der Bär sprang auf und jagte die Trolle davon.

Im nächsten Jahr, kurz vor Weihnachten, erschien ein Troll auf dem Hof und erkundigte sich, ob das große weiße Kätzchen noch da sei.

„Aber ja", antwortete der Bauer. „Es hat sieben Junge gekriegt."

„Dann kommen wir nie wieder zu dir!" rief der Troll und trollte sich.

*(Aus Norwegen)*

172

## Die Linde im Burghof

Einmal – vor fast tausend Jahren – jagte Kaiser Heinrich im Nürnberger Reichswald einer weißen Hirschkuh nach. Sein Gefolge blieb bald zurück. Plötzlich war das Wild verschwunden. Der Rappe des Kaisers wieherte laut und bäumte sich auf.

Er war vor einem verkohlten Lindenstamm erschrocken, aus dem drei grüne Zweiglein gewachsen waren. Dicht dahinter gähnte ein Abgrund. Der Kaiser dankte Gott, brach ein Zweiglein ab und steckte es an seinen Hut. Erst spät kehrte er in die Nürnberger Burg zurück.

Seine Gemahlin pflanzte das Lindenzweiglein in den Burghof. Dort wuchs es zu einem mächtigen Baum empor, der neunhundert Jahre überlebte. Dann verbrannte ihn ein Blitz.

(Eine Sage aus Nürnberg)

## Die List des Bürgermeisters

Über König Wenzel, der vor fünfhundert Jahren regierte, schimpften die Nürnberger: „Er säuft mit seinem Hofgesindel, und wir müssen es bezahlen!" Und so sagte der Bürgermeister eines Tages zum König: „Seit Wochen, Majestät, lebt Ihr mit Eurem Gefolge auf unsere Kosten in Nürnberg. Was verlangt Ihr für Euren Abzug?"

„Die Stadtschlüssel", antwortete Wenzel. Das bedeutete, dem König die Stadt zu schenken. Dann konnte er sie einem anderen Fürsten verkaufen und weitersaufen.

„Gut", sagte der Bürgermeister, „unter einer Bedingung." Der König war einverstanden. Der Bürgermeister übergab ihm die Stadtschlüssel, dann sagte er: „Nun gebt mir diese Schlüssel zurück." Wütend warf sie ihm der König zu und zog ab.

# Die vierte Geschichte vom kleinen schwarzen Ritter

Die Helden des Königs Artus hatten den kleinen schwarzen Ritter als mickrigen Zwerg verspottet. Der Magier Merlin hatte ihn zaubern gelehrt. „Zaubern ist besser als Dreinschlagen", hatte Merlin gesagt. „Tapfer sein kannst du, wenn es nötig ist."

Jetzt forderte der starke Erek den mickrigen kleinen schwarzen Ritter zum Zweikampf heraus.

„Ich werde ihn wie eine Laus zerdrücken!" rief er siegessicher.

Der Zweikampf fand auf der Wiese vor Ereks Burg statt. Viele Zuschauer waren gekommen. Erek hatte Wein und Brot verteilen lassen."

Nur der verrückte Zauberer Reginald glaubte an den Sieg des kleinen schwarzen Ritters. Die anderen verprügelten ihn und jagten ihn fort. Der Zweikampf begann. Auf gepanzerten Rossen und mit eingelegten Lanzen ritten Erek und der kleine schwarze Ritter aufeinander los.

Bevor sie zusammenprallten, geschah Seltsames. Auf ein Kopfnicken des kleinen schwarzen Ritters flog ein Wespenschwarm auf Erek zu. Die Wespen krochen unter die Rüstung des starken Erek und stachen den Helden erbärmlich. Er ließ die Lanze fallen, purzelte vom Pferd und schlug wie wild um sich.

„Zieht ihm die Stacheln raus und betupft ihn mit Essig!" rief der kleine schwarze Ritter den Gaffern zu und galoppierte davon.

## Nur eine Sense

Kurz vor seinem Tod schenkte ein Vater dem Sohn eine Sense.

„Geld habe ich nicht", sagte er. „Was ich dir vererbe, scheint wenig wert zu sein. Doch such ein Land, in dem es keine Sensen gibt, dann wirst du dein Glück machen."

Nach langer Wanderschaft kam der Sohn zu Inselleuten, die keine Sensen kannten. Wenn das Korn reif war, schossen sie es mit Pfeilen von den Halmen. Das war mühselig, und mancher Schuß ging daneben.

Wie staunten sie, als ihnen der Fremde das Getreide schnell und sauber abmähte!

Sie bezahlten ihm für die Sense so viel, daß er als reicher Mann in die Heimat zurückkehrte.

*(Nach den Brüdern Grimm)*

## Das Lindenblatt

Ein junger Mann war in Not geraten und mußte betteln gehen. Eines Abends ruhte er unter einer Linde am Waldrand aus. Als es dunkel wurde, flogen zwei Geister in die Baumkrone. Der junge Mann hörte, was sie redeten.

Der eine Geist sagte: „Die Königstochter ist todkrank. Niemand kann ihr helfen."

Der andere widersprach ihm: „Sie wird gesund, wenn ihr jemand ein Blatt von dieser Linde auf die Stirn legt."

Als die Geister weggeflogen waren, pflückte der junge Mann einige Blätter von der Linde und eilte zum Königsschloß. Dort legte er der Prinzessin ein Lindenblatt auf die Stirn, und sie war geheilt.

Der König belohnte den „Wunderdoktor" reichlich.

*(Eine Sage aus Liechtenstein)*

## Der Kasperl fängt den Hurraxdax

Der Räuberhauptmann Hurraxdax hatte Susi ein Päckchen Kaugummi geraubt, Tante Klaras Wärmflasche gestohlen, Opa Hinrichs falsche Zähne stibitzt und war Kater Murr zweimal auf den Katerschwanz gestiegen.

Dafür sollte er eingesperrt werden. Der Polizeipräsident versprach demjenigen, der den Bösewicht fange, fünf Mark Belohnung.

„Fünf Mark kann ich gut brauchen", sagte der Kasperl, ging mit einem Kartoffelsack in den Wald und rief: „Hee, Hurraxdax, ich hab' was Tolles für dich!"

Mit gezogenem Säbel stapfte der Räuberhauptmann heran. „Was hast du denn für mich, du Taugenichts?" fragte er mißtrauisch.

„Den Sack des Reichtums", antwortete der Kasperl. „Wer hineinkriecht, sieht alle Plätze auf der Erde, unter denen Gold und Silber vergraben sind. Leider nützt er mir nichts, weil mein Name mit Ka anfängt. Der Name des Glückspilzes muß mit Hu anfangen – wie Hurraxdax."

„Was verlangst du dafür?" erkundigte sich der Räuberhauptmann.

„Die ersten hundert Goldstücke, die du findest", antwortete der Kasperl. „Deinen Säbel legst du am besten ab, bevor du in den Sack hineinkriechst. Er könnte ihn beschädigen."

So ein Idiot, dachte Hurraxdax. Ich werde ihm kein einziges Goldstück bezahlen. Er legte den Säbel ab und kroch in den Sack.

Der Kasperl band den Sack zu, schleppte den Gefangenen zur Polizei und bekam die fünf Mark Belohnung.

Dann kaufte er sich ein Schokoeis mit viel Sahne darauf und seiner Gretel sieben Maiglöckchen.

## Bravo, Mister Herakles

In uralter Zeit soll in Griechenland der Supermann Herakles gelebt haben. Die alten Römer nannten ihn Herkules.

Er hatte jedoch nicht nur Muskeln zum Zuschlagen, sondern auch Grips zum Denken. Das bewies er dem König Augias, der ein ganz großer Dreckfink war.

Dieser Augias besaß riesige Ställe für seine riesengroßen Viehherden. Die Ställe hatte er jahrelang nicht reinigen lassen. Jetzt war der Mist fast bis zu den Decken hinaufgewachsen.

Herakles leitete zwei Flüsse durch die übelriechenden Ställe und spülte den Mist an einem Tag hinaus.

Dazu soll König Augias „Bravo, Mister Herakles" gesagt haben; aber sicher ist das nicht.

## Pack das Kegelspiel ein

Beim Pilzesammeln kam ein Junge zu einer Burgruine. Dort winkte ihm ein Mann in schwarzer Kleidung.

„Komm", sagte er, „stell uns Kegel auf." Der Junge folgte ihm in einen unterirdischen, von Fackeln beleuchteten Saal. Dort vergnügten sich schwarzgekleidete Männer mit Kegelschieben.

Stundenlang stellte ihnen der Junge die Kegel auf. Zum Schluß warf ihm einer der Männer einen Sack zu und sagte: „Pack dir zum Lohn das Kegelspiel ein."

Was soll ich mit neun Holzkegeln und einer Holzkugel? dachte der Junge enttäuscht. Er nahm nur die Kugel mit und lief ins Freie. Hinter ihm schloß sich der Berg – und die hölzerne Kugel war zu Gold geworden.

*(Aus Tirol)*

# Der Schneider im Himmel

An einem schönen Sommertag ging der liebe Gott mit allen Heiligen und Seligen im großen Himmelsgarten spazieren. Sankt Petrus war eingenickt, und das Himmelstor stand einen Spaltbreit offen. Durch diesen Spalt schlüpfte ein Schneider herein. Neugierig sah er sich um. Nach kurzer Zeit kam er zu einem goldenen Thron, vor dem ein silberner Fußschemel stand. Von hier aus konnte der liebe Gott alles sehen, was auf der Erde geschah.

Den Schneider juckte es in Händen und Füßen. Er setzte sich in den Thronsessel und guckte auf die Erde hinunter.

„Na so was!" rief er empört. Da sah er doch einen Mann, der eine Wurst aus einem Metzgerladen stahl! In seinem Zorn packte der Schneider den silbernen Fußschemel und warf ihn auf den Dieb hinunter.

Da kam der liebe Gott zurück. „Was tust du denn da?" fragte er den Schneider.

„O Herr", antwortete dieser, „in gerechtem Zorn habe ich den Schemel auf einen Dieb geworfen."

Der liebe Gott seufzte. „Wenn ich auf alle Diebe, Betrüger und andere Sünder himmlischen Hausrat werfen wollte, hätte ich nicht einmal einen Pantoffel mehr hier oben."

Und zum Schneider sagte er: „Du, alter Sünder, gehst auf die Erde zurück und wartest gefälligst, bis ich dich rufe."

*(Nach den Brüdern Grimm)*

## Der bekleckerte Hannes

Vor langer Zeit lebte in einem Bergstädt-
chen der Bürgermeister Hannes Habermann. Trotz seiner siebzig Jahre hatte er
lange schwarze Haare.

„Andere Männer in meinem Alter tragen Perücken", spottete er. „Das hab' ich
nicht nötig."

Als er eines Tages zum Rathaus ging,
stieß ein Adler auf ihn nieder und riß ihm –
die schwarze Perücke vom Kopf. Dann ließ
er ihm einen Klecks auf die Glatze fallen
und strich ab.

Wegen des Kleckses hieß der Bürgermeister von da an „der bekleckerte Hannes".

Im Adlerhorst fühlten sich zwei junge
Adler auf der Perücke des Bürgermeisters
pudelwohl.

## Gib's ihm

Ein Bettler kam in einen Bergbauernhof
und bat um etwas zu essen. Die Bäuerin
gab ihm einen Kanten Brot und einen Topf
Milch. Das war dem gutmütigen Bauer zu
wenig. Er dachte an die großen harten Kä-
selaibe im Keller.

„Nimm das Beil, geh hinunter und gib's
ihm", sagte er zur Bäuerin.

Der Bettler dachte, daß ihm der Kopf ab-
geschlagen werden sollte, und rannte davon. Dabei hatte der Bauer gemeint, daß
die Bäuerin in den Keller gehen, mit dem
Beil ein Stück Käse aus einem Käselaib her-
ausschlagen und es dem Bettler geben sollte ...

Noch heute wird Hartkäse mit dem Kä-
sebeil aus dem Käselaib herausgeschlagen.

(Aus Liechtenstein)

## Das wilde Männlein

In den Liechtensteiner Bergen hauste einst ein wildes Männlein. Es hütete das Vieh der Bauern. Keine Kuh verlief sich, kein Kälbchen stürzte ab.

Die Bauern wußten, daß sie das dem wilden Männlein verdankten. Da wollten sie ihm auch etwas Gutes tun.

„Es trägt nur einen Lendenschurz", sagte ein Bauer. „Sollten wir ihm nicht eine Jacke und Lederhosen schenken?"

Alle waren einverstanden, und das wilde Männlein wurde eingekleidet.

„Nein!" schrie es, riß die Kleider herunter und schimpfte:

„Wilder Mann
Jacke und Hose
nicht leiden kann!"

Dann verschwand es und kam nie wieder.

## Die Feuerzange

Der berühmte Zauberdoktor Paracelsus lebte vor etwa fünfhundert Jahren in Österreich. Viele Sagen erzählen von ihm. Eine ist die Geschichte von der Feuerzange.

Feuerzangen brauchte man damals, um brennende Holzscheite im Ofen anzupacken und umzuschichten, oder um Holz oder Kohle in die Glut nachzulegen.

Als Doktor Paracelsus einmal spazieren ging, lud ihn eine Bäuerin ein, von ihren frischgebackenen Krapfen zu kosten. Der Doktor nahm die Einladung an, und die Krapfen schmeckten ihm.

Zum Dank bestrich er die Feuerzange der Bäuerin mit einer gelblichen Salbe, und die Zange war in pures Gold verwandelt.

180

## Cowboy Tommy und
## der Stier

Der Cowboy Tommy prahlte, daß er fünf Minuten lang auf einem Stier reiten könne. Seine Kameraden nannten ihn einen Angeber. Länger als zehn Sekunden hatte sich noch keiner auf einem wilden Stier gehalten. Tommy wettete mit ihnen um zehn Dollar, daß er es schaffen werde.

Dann zog er den hölzernen Bullen, den er seinem Neffen zum vierten Geburtstag geschenkt hatte, in den Hof heraus. Der Stier rollte auf vier Rädern und war sehr friedlich.

„Von einem lebendigen Stier hab' ich nichts gesagt", spottete Tommy, bestieg den Holzbullen und blieb fünf Minuten darauf sitzen.

Dann kassierte er seinen Gewinn und ließ sich eine Zeitlang nicht mehr blicken. Warum, ist wohl klar.

## Der wilde Jäger

Onkel Huhu hatte seinem Neffen Tutu zum siebten Geburtstag eine Videokassette geschenkt. Darauf waren die Abenteuer des wilden Jägers, der in seinem Raumschiff todesmutig durch das Weltall raste.

In Wirklichkeit hieß der Onkel nicht Huhu, sondern Hubert. Er war sechzehn Jahre alt, fand Hubert doof und Huhu spitze. Sein Neffe hieß auch nicht Tutu, sondern Max. Das fand Huhu auch doof, deshalb nannt er ihn Tutu.

Die Kassette war spitze, fand Tutu. In der Nacht träumte er davon und stürzte auf ein Ungeheuer, das ihn zu verschlingen drohte. Zum Glück erwachte er – und war aus dem Bett und mit dem Kopf auf seine Schuhe gefallen.

# Goldmarie und Pechmarie

Eine Witwe hatte eine eigene Tochter und eine Stieftochter. Beide hießen Marie. Die Mutter hatte die eigene Tochter viel lieber als die andere. Eines Morgens sagte sie zur Stieftochter: „Such dir anderswo Arbeit."

Am Abend kam die unglückliche Marie an ein Waldhaus, vor dem ein schwarzes und ein goldenes Tor standen. Bescheiden ging sie durch das schwarze in den Hof und klopfte an die Haustür. Ein struppiger alter Mann öffnete und knurrte: „Was willst du?" Ängstlich bat Marie um Unterkunft für die Nacht.

„Wo willst du schlafen?" brummte er.

„Im Stall", antwortete Marie. Da bekam sie ein weiches Bett und schlief ein.

Tags darauf mußte sie durch das goldene Tor gehen. Oben saß der Alte und rüttelte, bis sie mit Gold überschüttet war. Froh eilte sie nach Hause. Dort rief der Hahn: „Kikerikiii! Da kommt die Goldmarie!"

Schon am nächsten Morgen schickte die Witwe ihre eigene Tochter zum Waldhaus. Die ging durch das goldene Tor und war dann frech zu dem Alten. Er ließ sie im Stall schlafen und schickte sie am Morgen durch das schwarze Tor zurück. Dort schüttete er Pech auf sie nieder. Und zu Hause krähte der Hahn: „Kikerikiii! Da kommt die Pechmarie!" Mutter und Tochter verließen das Dorf. Die Goldmarie heiratete einen braven Mann, mit dem sie lange und glücklich lebte.

*(Nach Bechsteins Märchen)*

## Die heilenden Hände

Oma erzählte der kleinen Karin das Märchen von den heilenden Händen:

„Ein Vater und eine Mutter hatten ein Kind, das immer traurig war. Als sie schon verzweifelten, kam eine gute Fee zu ihnen. Sie nahm die Hände der Mutter, sprach einen Zauber darüber und sagte: ‚Leg deinem Kind die Hände auf den Kopf, dann wird es bald nicht mehr traurig sein.‘

Und so geschah es."

Da sagte die kleine Karin zur Oma: „Wenn ich einmal traurig bin, muß keine gute Fee kommen. Meine Mutti legt mir die Hand auf den Kopf, oder sie streichelt mich und sagt etwas Liebes dazu. Dann ist es gar nicht mehr so schlimm."

## Der Ritter und die Bettler

In die Burg eines hartherzigen Ritters kamen ein Bettelmönch und ein tauber Mann, die auf einem Karren einen Blinden und einen Lahmen zogen. Der Mönch bat den Ritter um eine milde Gabe für seine Freunde.

Der Ritter spottete: „Ich geb' euch was, wenn der Taube mich hört, der Blinde mich sieht und der Lahme mich ohrfeigt."

Da sagte der Taube: „Herr Ritter, ich hab' Euch gehört."

Der Blinde sagte: „Ich sehe Euch."

Der Lahme sprang vom Karren und gab dem Ritter zwei Ohrfeigen. Dann verschwanden die vier wie durch Zauberei ...

Von da an schickte der Ritter keinen Armen mehr unbeschenkt fort. Der Bettelmönch ist der Apostel Petrus gewesen.

*(Aus Italien)*

183

# Das winzige Männlein

Ein Schmiedegeselle verirrte sich im Wald. Gegen Abend kam er an ein verlassenes Haus. Er machte Feuer im Herd, um sich zu wärmen. Da erschien ein winziges Männlein und sagte:

„Schmied, Schmied, Schmiedelein, ich blas' dir aus dein Feuerlein."

Da packte es der Schmied beim Kragen und hielt es fest.

„Laß mich los!" kreischte das Männlein. „Ich mach' dich reich, wenn du mich losläßt!"

„Ich lasse dich los, wenn du mich reich gemacht hast", sagte der Schmied.

„Dann folge mir", piepste das Männlein. Es ging voraus, aber der Schmied hielt es am Kragen fest. Sie gingen durch einen unterirdischen Stollen und kamen zu einem Steinhaufen, um den Schlangen krochen und Fledermäuse schwirrten.

Da dröhnte ein Donnerschlag. Aus dem Steinhaufen wurde ein prächtiges Schloß, aus dem winzigen Männlein ein König, und die Schlangen und Fledermäuse wurden Diener und Dienerinnen. Aus dem Schloßtor trat eine wunderschöne Prinzessin. „Meine Tochter", sagte der König. „Willst du sie zur Frau nehmen?"

„Lieber nicht", antwortete der Schmied. „Ich werde ein Mädchen heiraten, das zur Frau Schmiedin taugt."

„Du bist ein kluger Mann", sagte der König, belohnte den Schmiedegesellen mit Silbertalern und entließ ihn mit Dank und Segenswünschen.

(Nach Ludwig Bechstein)

## Flunkermeiers zehnte Geschichte

Einmal fingen mich Seeräuber. Sie plünderten mich aus und setzten mich auf einer kahlen Felseninsel mitten im Ozean ab.

Auf dieser Insel gab es nicht einmal Wasser. Jetzt bin ich verloren, dachte ich. Da fiel mir ein, was einst mein Vater gesagt hatte:

„Wenn du in höchster Not bist, mußt du pfeifen", hatte er gesagt. „Pfeifen hilft immer."

Da pfiff ich den Hubschrauber heran, in dem ich vor drei Monaten von Nürnberg nach Leipzig geflogen war, stieg ein und ratterte in die Freiheit zurück.

Auf dem Landeplatz sah ich die Seeräuber wieder, die mich ausgeplündert und ausgesetzt hatten. Ich pfiff sie ins Pfefferland – und weg waren sie.

## Haha-hahaaaaa!

Peter Schnickschnack konnte so toll Grimassen schneiden, daß alle Leute darüber lachten. Eines Tages ließ ihn der König ins Schloß holen. Dort saßen ein Prinz und zwei Prinzessinnen neben dem König, und rundherum standen andere vornehme Damen und Herren. Alle machten grimmige Gesichter. „Bring uns zum Lachen!", sagte der König zu Peter. „Wenn es dir gelingt, bekommst du Geld, sonst kriegst du Hiebe."

Nach den ersten drei Grimassen konnten der König und seine Leute nicht länger ernst bleiben. Sie lachten: „Ha-haa!", dann: „Hahaha-haaa!!" und: „Hahahaha-hahahaaaaaaaaaaaaaaaaaa!!!!!" ...

Und wenn sie nicht aufgehört haben, lachen sie heute noch.

## Die Bremer Stadtmusikanten

Ein alter Esel, ein alter Hund, eine alte Katze und ein alter Gockelhahn wurden im Bauernhof nicht mehr gebraucht. Da wollten sie zusammen nach Bremen wandern, um dort Stadtmusikanten zu werden.

Am Abend kamen sie in einen großen Wald, aus dem ihnen ein Licht entgegenschimmerte. Sie liefen darauf zu und fanden ein Haus, in dem es lustig zuging. Der Esel spähte durch ein Fenster.

„Ui", flüsterte er, „ich sehe Räuber an einem reich gedeckten Tisch futtern."

Die schlaue Katze sagte: „Wir jagen die Räuber davon. Dann kann sich der Esel an Salat und Gemüse sattessen, der Hahn an Brot- und Kuchenkrümeln, und der Hund und ich genießen den Braten."

„Jaa!" riefen der Esel, der Hund und der Hahn. Die Katze erklärte ihre List, und die anderen waren einverstanden.

Der Esel stellte sich mit den Vorderfüßen auf das Fensterbrett. Der Hund sprang auf den Rücken des Esels, die Katze auf den Hund, und der Gockelhahn flatterte auf den Kopf der Katze. Dann schrien alle fürchterlich und stürzten durch das Fenster in die Stube hinein.

Die Räuber glaubten, daß sie der Teufel holen wolle. Sie sprangen auf und rannten Hals über Kopf davon.

Der Esel, der Hund, die Katze und der Gockelhahn ließen es sich schmecken. Und weil die Räuber nicht zurückkamen, wanderten die vier nicht nach Bremen weiter, sondern blieben im Räuberhaus.

*(Nach den Brüdern Grimm)*

186

## Der Adler und der Sperling

„Ich bin der Stärkste, und ihr zittert vor mir!" rief der Adler den versammelten Vögeln zu. „Also wählt mich zum König!"

„Nein!" piepste der Sperling. „Ein König sollte lange leben, um seinen Untertanen lange Gutes zu tun. Adler leben nicht lange. Dein Vater und dein Großvater hängen ausgestopft im Jagdzimmer des Grafen Eisenstein. Ausgestopfte Könige können uns nichts Gutes tun."

Bevor ihn der Adler packen konnte, entwischte ihm der Kleine.

Der Adler wurde zum König gewählt – und hing zehn Monate später ausgestopft neben seinem Vater und Großvater.

Der Sperling piepst munter weiter und freut sich, daß er lebt.

## Die goldenen Eier

Vor langer Zeit lebte ein frommer Einsiedler in einer einsamen Berghütte. Eine Ziege gab ihm Milch. Kartoffeln wuchsen auf einem kleinen Feld, Gemüse und Obst in einem Gärtchen. Wasser sprudelte aus einer Quelle.

Eines Tages kam ein Fremder vorbei, und der Einsiedler bewirtete ihn. Zum Dank schenkte ihm der Gast eine Henne. Diese legte am nächsten Morgen ein goldenes Ei, am übernächsten Morgen wieder eines. „Was soll ich mit goldenen Eiern?" brummelte der Einsiedler. „Gold kann ich nicht essen."

Und schon war Hilfe da. Ein Bauer kam, hörte den Einsiedler an und sagte: „Ich gebe dir zehn Hühner und einen Hahn für deine Henne." Am nächsten Tag tauschten sie, und jeder war glücklich.

# Die fünfte Geschichte vom kleinen schwarzen Ritter

Seitdem der kleine schwarze Ritter drei Helden des Königs Artus mit seiner Zauberkraft besiegt hatte, verbreitete sich sein Ruhm im ganzen Land. Viele Leute glaubten, daß der kleine schwarze Ritter ein Zauberamulett trage. Dieses Amulett – das es in Wirklichkeit nicht gab – wollten ihm die Räuber Robert und Bertram abnehmen.

Als der kleine schwarze Ritter einmal durch den Wald ritt, riefen ihn die Räuber an, einer vor, der andere hinter ihm: „Ergib dich, Zwerg, und rück dein Amulett raus!"

„Zwei gegen einen ist nicht ehrlich", sagte der kleine schwarze Ritter.

„Zauberei auch nicht!" riefen die Räuber und zogen die Schwerter.

Der kleine schwarze Ritter zog sein Schwert nicht. Er trieb seinen Rappen auch nicht zur Flucht an. Die Räuber galoppierten auf ihren Pferden heran und stießen schon das Siegesgeschrei aus.

Da geschah Seltsames. Der kleine schwarze Ritter und sein Rappe waren plötzlich verschwunden.

Einen Augenblick zu spät schlugen die Räuber zu. Bertrams Schwert traf Roberts Helm, Robert schlug auf Bertrams Kopf. Sie purzelten aus den Sätteln. Ihre Pferde trabten ein Stück davon und blieben dann stehen.

„Auf Nimmerwiedersehen, ihr Helden!" rief der kleine schwarze Ritter von ganz woanders her, lachte spöttisch und verschwand endgültig.

## Der Kasperl und der Fichtengeist

„Die Holzfäller haben uns einen Fichtenstamm gebracht", sagte die Gretel zu ihrem Kasperl. „Zersäg und spalte ihn."

„Unmöglich", antwortete der Kasperl. „Ich muß wieder gegen den Teufel kämpfen. Dazu brauch' ich meine ganze Kraft."

„Schade", seufzte die Gretel. „Der böse Fichtengeist ist in den Stamm gefahren. ‚Wenn mich der Kasperl nicht rauskriegt, mach' ich ihm den Ofen kaputt', hab' ich ihn sagen hören."

Da zersägte der Kasperl den Stamm und hackte ihn zu Kleinholz. Den Fichtengeist traf er nicht.

„Vielleicht hab' ich mich geirrt", meinte die Gretel. „Aber zur Belohnung bekommst du Himbeereis mit Schlagsahne."

Der Kasperl murmelte „Du Schlitzohr" und ließ es sich schmecken.

## Der Turmbau zu Babel

In uralter Zeit redeten alle Menschen in einer Sprache, erzählt die Bibel. Da wurden sie übermütig und sagten: „Wir werden in der Stadt Babel einen Turm bauen, der bis in den Himmel reicht. Dann steigen wir zu Gott hinauf und reden mit ihm."

Und sie begannen zu bauen.

Da verwirrte Gott der Allmächtige die Sprache der Hochmütigen, daß keiner den anderen mehr verstand. Statt „Herr" sagte der eine jetzt „Mister", der andere „Monsieur", der dritte „Signore" und andere wieder anders. Und weil sie einander nicht mehr verstanden, bauten sie nicht weiter und liefen in alle Welt hinaus.

Und wir müssen Fremdsprachen lernen, wenn wir uns mit Ausländern in ihrer Sprache unterhalten wollen.

## Die Zauberflasche

Es war ein schlimmes Jahr gewesen. Die Feldfrüchte waren verdorrt. Eine Seuche hatte das Vieh hinweggerafft.

Dem Bauer Michael war nur eine Kuh geblieben. Er und seine Familie gerieten in große Not.

Da trieb er die Kuh zum Markt, um Geld für das Nötigste zu bekommen.

Unterwegs trat ihm ein Männlein entgegen. Es trug einen schwarzen Mantel, eine schwarze Zipfelmütze, hatte ein verschrumpeltes Gesicht und rote Augen.

„Ich kauf' dir deine Kuh ab", sagte es und holte eine Flasche aus seinem Mantel hervor. „Die geb' ich dir für die Kuh. Wenn du nach Hause kommst, stell sie auf den Tisch und sag zu ihr: ‚Flasche, tu deine Arbeit.' Dann wirst du merken, daß sie viel mehr wert ist als dein Rind."

Das sagte das Männlein so ernsthaft, daß der Bauer ihm glaubte. Er tauschte die Kuh für die Flasche.

Als er nach Hause kam, geschah das Wunder. Kaum hatte er den Spruch gesagt, wurde der Tisch mit den köstlichsten Speisen und Getränken gedeckt. Das geschah Tag für Tag; und es war viel mehr, als die Familie essen und trinken konnte.

Der Bauer Martin wurde Gastwirt und verkaufte die Speisen und Getränke aus der Zauberflasche an zahlende Gäste. Sein Wirtshaus nannte er „Michaels Schenke zum Schwarzen Männlein".

*(Nach einem irischen Märchen)*

190

## Die beiden Honigkuchen

In Herrn Hansens Schaufenster standen ein Honigkuchenjunge mit einer Zipfelmütze und ein Honigkuchenmädchen im kurzen Röckchen nebeneinander. Sie waren Ausstellungsstücke und hatten einander lieb. Aber keiner traute sich, es dem anderen zu sagen. Mit der Zeit wurden sie hart und schrumpelig.

Da schenkte sie Herr Hansen der kleinen Monika und dem kleinen Peter.

„Ihr habt ja gute Zähne", meinte er.

„Wir essen sie nicht auf", sagte Peter.

„Weil sie so lieb sind", sagte Monika.

Sie nahmen sie mit nach Hause und spielten mit ihnen. Und weil Peter und Monika Geschwister waren, blieben das Honigkuchenmädchen und der Honigkuchenjunge noch lange beisammen.

(Nach Hans Christian Andersen)

## Der dumme Hans

Eine Prinzessin wollte nur einen Mann heiraten, der auf alles, was sie sagte, eine Antwort wußte. Viele kamen und wurden abgewiesen. Da steckte der dumme Hans eine tote Krähe, einen Holzpantoffel und eine Handvoll Schlamm ein und ging los.

Als er zur Prinzessin kam, sagte diese: „Ich brate Hähnchen." Er antwortete: „Da brat' ich meine Krähe mit."

Die Prinzessin fragte: „Hast du eine Bratpfanne dabei?" Hans legte die Krähe in den Pantoffel hinein. „Das ist die Bratpfanne", sagte er. „Wo bleibt die Soße?" spottete die Prinzessin. „Bitte sehr", sagte Hans und schüttete den Schlamm auf die Krähe.

Da rief die Prinzessin: „Dich nehm' ich zum Gemahl!"

So stand es in der Zeitung. Ob wir's glauben dürfen?

(Nach Hans Christian Andersen)

## Der gewaltige Riese

In uralter Zeit lebte in den Tiroler Wäldern ein Riese. Er war so gewaltig, daß andere Riesen neben ihm wie Zwerge aussahen.

Einst fuhr ein Bauer mit seinem Ochsenfuhrwerk in den Wald und kam an die Füße des schlafenden Riesen. Er hielt den gewaltigen Körper für einen Hügel, fuhr hinauf und erreichte zwei finstere Hohlwege. Das waren die Nasenlöcher des Riesen. Der Bauer fuhr in das rechte hinein. Der Ochse und der Wagen kitzelten den Riesen in der Nase. Er nieste heftig. Der Bauer und sein Fuhrwerk flogen in hohem Bogen weit durch die Luft. Zum Glück landeten sie in einem Heuhaufen. So kamen der Bauer und der Ochse mit dem Schrecken davon.

*(Aus Tirol)*

## Der gläserne Fels

Vor hundert Jahren sah ein Hirtenknabe ein wunderschönes Mädchen auf einem hohen Felsen sitzen.

„Schieb dein Hütchen aus der Stirn hinaus!" rief das Mädchen.

Der Hirtenknabe tat es und staunte. Der Fels war plötzlich durchsichtig geworden, als ob er aus Glas wäre. Und im Innern waren Gold- und Silberadern, wie es sie nur in den reichsten Bergwerken gab.

Der Hirtenknabe lief auf den Fels zu, da fiel ihm sein Hütchen in die Stirn zurück.

Gold und Silber verschwanden, der Fels versank unter Donner und Blitz.

Im Jahr 2000, heißt es, werde das wunderschöne Mädchen vielleicht einem anderen Glück bringen.

*(Aus Tirol)*

## Flunkermeiers elfte Geschichte

Noch heute morgen befand ich mich in allerhöchster Lebensgefahr. Ein Sturm hatte mich auf eine einsame Insel verschlagen. Als ich aus meiner Ohnmacht erwachte, saßen vier Löwen, fünf Tiger, sechs Bären, sieben Wölfe und eine ganze Menge Ratten um mich herum und leckten sich die Schnauzen.

In meiner höchsten Not fiel mir ein Zauberspruch ein, den ich aus Omas Märchen kannte. Wenn da eine Prinzessin oder ein Prinz „Mick, mack, meck, ich bin weg" sagte, waren sie verschwunden, und die Feinde hatten das Nachsehen.

Da sagte ich: „Mick, mack, meck, ich bin weg" – und da bin ich jetzt. Die Biester auf der Insel haben sich umsonst die Schnauzen geleckt.

## Der Kettengeist

Seit kurzer Zeit spukte ein Geist in einem Schloß. Er rasselte mit Ketten und heulte: „Hu-huuuu!" Da sagte der Küchenjunge: „Ich vertreib' ihn."

„Angeber", spottete der Sohn des Grafen. Er war elf Jahre alt und ein Lausebengel. Manchmal spielte er Schach mit dem Küchenjungen.

Der sagte zu ihm: „Wenn du mich jeden Montag eine Stunde lang auf deinem Pferd reiten läßt, verrat' ich dich nicht. Ich hab' deinen Koffer mit den Ketten und dem Huhu-Tonbandgerät im Turmzimmer gefunden. Warum machst du den Blödsinn?"

„Aus Spaß", gestand der Grafensohn.

Jetzt spukt er nicht mehr, und der Küchenjunge darf jeden Montag eine Stunde lang reiten.

# Sehr zum Wohl, Herr König

Die Lehrerin der 4. Klasse hatte mit den Kindern ein Theaterstück eingeübt. Darin kamen ein König und eine Königin vor, die zuerst verzaubert waren und dann entzaubert wurden. Zum Schluß sollte der König seiner Königin einen Becher reichen und dazu sagen: „Frau Königin, trinkt diesen köstlichen Wein auf unser Wohl."

Im Becher war selbstverständlich kein Wein, sondern Limo.

Den König spielte der Michael Habermann, die Königin die Jutta Fröhlich. Sie konnten einander nicht leiden. Warum, wußten sie selber nicht, aber es war nun mal so. Erst gestern hatte Jutta „Du Affe" zu Michael gesagt. Das wollte er ihr jetzt heimzahlen.

Heimlich schüttete er die Limo aus dem Königsbecher und füllte ihn mit Essigwasser, in das er auch noch Salz hineinstreute. Eine von Juttas Freundinnen sah es und sagte es ihr ...

Zur Theateraufführung waren Väter und Mütter gekommen. Und da passierte es. König Michael reichte Königin Jutta den Becher und sagte: „Frau Königin, trinkt diesen köstlichen Wein auf unser Wohl."

Da antwortete die Königin: „Der erste Becher gehört Euch, Majestät. Sehr zum Wohl, Herr König."

Die Zuschauer klatschten Beifall, und Michael mußte sein Salz-Essig-Wasser selber trinken.

Am meisten ärgerte ihn, daß ihm Jutta in den nächsten Tagen immer wieder „Sehr zum Wohl, Herr König!" zurief.

## Das Geschenk der Zwerge

Eines Abends hörte ein wandernder Musikant fröhliche Musik. Er ging darauf zu und kam zu einem Hügel. Dort tanzten Zwerge und Zwerginnen in lustigem Reigen. Als der Musikant herankam, verstummte die Zwergenmusik.

Der älteste Zwerg trat auf den Musikanten zu und sagte: „Wie du siehst, fehlt uns ein Geigenspieler. Du trägst eine Geige mit dir. Möchtest du mitspielen?"

„Gern", sagte der Musikant, und dann ging's richtig los. Der Tanz dauerte bis zum Morgen. Da stopften die Zwerge dem Geigenspieler die Taschen voll Fichtenzapfen und verschwanden. Der Musikant wollte die Zapfen wegwerfen. Doch als er sie aus den Taschen holte, waren sie zu Gold geworden.

*(Frei nach den Brüdern Grimm)*

## Der goldene Fisch

Ein armer Fischer fing einen goldenen Fisch. „Wirf mich ins Wasser zurück", bat dieser mit menschlicher Stimme. „Dafür mache ich deine Hütte zu einem Palast mit allem, was dazugehört. Du darfst jedoch niemandem verraten, wem du dein Glück verdankst, sonst ist alles vorbei."

„Gut", sagte der Fischer und warf den Fisch ins Wasser zurück.

Dieser hielt sein Versprechen. Als der Fischer nach Hause kam, war seine Hütte ein Palast geworden. Die Fischersfrau saß in prächtigen Kleidern an einem festlich gedeckten Tisch. „Wie ist das bloß gekommen, lieber Mann?!" rief sie aufgeregt.

Da erzählte er ihr von dem goldenen Fisch, und – schwupp! – war alles verschwunden.

*(Nach den Brüdern Grimm)*

## Der Bauer und die Frösche

Ein Bauer hatte seine Kuh auf dem Markt für sieben Taler verkauft. Auf dem Heimweg kam er an einem Teich vorbei. Dort lärmten die Frösche: „Ak, ak, ak, ak!" Der Bauer verstand: „Acht, acht, acht, acht!" Er blieb stehen und rief den Fröschen zu: „Ich hab' keine acht Taler für meine Kuh bekommen, sondern nur sieben!"

„Ak, ak, ak, ak!" quakten die Frösche.

Der Bauer holte das Geld aus der Tasche und zählte es den Fröschen vor: „Eins – zwei – drei – vier – fünf – sechs – sieben Taler, keine acht!"

„Ak, ak, ak, ak!" riefen die Frösche.

Da wurde der Bauer zornig.

„Zählt doch selber nach!" schimpfte er und warf das Geld ins Wasser. Dann wartete er, bis die Frösche mit dem Zählen fertig waren und ihm die Taler wieder herauswerfen würden.

„Ak, ak, ak, ak!" riefen die Frösche und warfen die Taler auch nicht mehr heraus.

Der Bauer wartete bis zum Abend, dann wurde es ihm zu dumm. „Ihr glotzäugigen Wasserschlucker!" schrie er den Fröschen zu. „Ihr Dummköpfe! Große Mäuler habt ihr und schreit, daß einem die Ohren weh tun! Dabei könnt ihr nicht einmal sieben Taler zählen! So lange, wie ihr dazu braucht, kann ich nicht hierbleiben!" Er spuckte in den Teich und ging davon.

„Ak, ak, ak, ak!" riefen die Frösche hinter ihm her.

*(Nach den Brüdern Grimm)*

196

## Die Wurst an der Nase

Ein junges Ehepaar lebte gut, aber es hätte gern noch besser gelebt.

Da kam die Bergfee zu ihnen und sagte: „Ich gewähre euch drei Wünsche und lasse euch sieben Tage Zeit dazu. Überlegt sie gut." Dann verschwand sie wieder.

Zum Abendessen gab es Bratkartoffeln. Als sie in der Pfanne brutzelten, sagte die Frau: „Ach wenn wir doch ein Würstchen dazu hätten." Da lag es in der Pfanne, und der erste Wunsch war getan.

„Die Wurst sollte dir an der Nase anwachsen", rief der Mann zornig. Und schon saß sie an der Nase der Frau und ging nicht mehr ab.

Notgedrungen mußte der Mann den dritten Wunsch tun und seine Frau von der Wurst an der Nase befreien.

*(Nach Johann Peter Hebel)*

## Die Eisriesen

Zu einem Bergbauern kam am Heiligen Abend ein großer Mann in einem dicken Winterpelz. „Heize in der Neujahrsnacht deine Stube tüchtig ein", sagte er mit tiefer Stimme und verschwand.

Ich probier's, dachte der Bauer und schürte in der Neujahrsnacht seinen Kachelofen mit großen Buchenscheiten an. Dann kroch er unter den Ecktisch, um zu sehen, was geschehen würde.

Um Mitternacht traten sieben riesige Männer in vereisten Kleidern in die Stube und setzten sich um den heißen Kachelofen. Sie sprachen kein Wort. Als sie abgetaut waren, gingen sie stumm.

Der Bauer kroch aus seinem Versteck und fand seinen Hut, der auf dem Tisch lag, mit Silbertalern gefüllt.

*(Aus Tirol)*

197

# Detektiv Niko

Zu ihrem zehnten Geburtstag bekam Anja von Tante Hilde eine Brosche zum Anstecken geschenkt. Die Brosche sah wie ein fünfeckiger Käfer aus. „Es ist moderne Kunst", erklärte die Tante.

Am nächsten Morgen zeigte Anja die Brosche ihren Schulfreundinnen.

„Am liebsten tät' ich sie dir klauen", schwärmte Manuela.

Nach dem Mittagessen kam Anjas Freundin Helga zu Besuch, und die Mädchen spielten im Garten.

Gegen Abend merkte Anja, daß die Brosche verschwunden war. Alle suchten vergebens.

„Helga hat sie gestohlen!" rief Anja.

„Das glaub' ich nicht", sagte Mutter.

„Wahrscheinlich hast du sie verloren."

Anja schüttelte den Kopf. „Bestimmt nicht! Aber vielleicht hat sie mir auch Manuela in der Schule geklaut!" Da jaulte Niko im Garten.

Niko war ein Wildhund von der Insel Mallorca. Anjas Eltern hatten ihn aus dem Tierheim geholt.

Anja lief in den Garten. Dort starrte Niko ins Gras. Zuzupacken traute er sich nicht mehr, weil ihn das Ding in die Nase gestochen hatte.

So fand Anja ihre Brosche wieder. Sie hatte sie im Garten verloren, weil die Sicherheits-Anstecknadel aufgegangen war. An dieser hatte sich Niko gestochen und deshalb gejault.

„Danke, Detektiv Niko", sagte Anja und schenkte ihm zwei Würstchen.

Dann wunderten sich Manuela und Helga, daß Anja sie zum Eisessen einlud.

## Doktor Faust und der Graf

Vor langer Zeit, als Kaiser Karl V. in Innsbruck weilte, wurden auf dem Stadtplatz Ritterspiele veranstaltet. Die Fenster der Häuser, die um den Stadtplatz standen, waren als Zuschauerplätze sehr begehrt. Ein hochmütiger Graf stieß einen Mann, der den besten Platz hatte, grob zurück.

Dieser Mann war der berühmte Zaubermeister Doktor Faust. Mit einem Fingerschnippen hexte er dem Grafen ein mächtiges Hirschgeweih an die Stirn. Der Graf brachte seinen Kopf nicht mehr aus dem Fenster zurück. Alle, die ihn sahen, lachten ihn aus.

Erst als die Spiele vorbei waren, zauberte ihm Doktor Faust das Geweih wieder weg.

*(Aus Tirol)*

## Rapunzel

Eine Zauberin hielt das Mädchen Rapunzel in einem einsamen Turm gefangen. Der Turm hatte keine Tür und keine Treppe. Nur oben, in Rapunzels Stübchen, war ein Fenster. Wenn die Zauberin kam, rief sie: „Rapunzel, laß dein Haar herunter!"

Dann band das Mädchen seine langen blonden Zöpfe um den Fensterhaken, ließ sie hinunterfallen, und die Zauberin stieg daran hinauf.

Das sah einmal ein Prinz, und das Mädchen gefiel ihm. Als die Zauberin fort war, rief er ihren Spruch, und die Zöpfe fielen herab. Der Prinz stieg nach oben und gefiel dem Mädchen. An den abgeschnittenen Zöpfen rutschten sie in die Freiheit.

„Die Zauberin tat ihnen noch manches Böse an", erzählte Oma Jansen, „aber sie kriegten einander."

*(Nach der Brüdern Grimm)*

## Der allerbeste Hexenmeister

Es war einmal ein Wandergeselle, der gab sich für den allerbesten Hexenmeister aus. Da ließ ihn der König rufen und fragte ihn, ob er wirklich der Allerbeste sei.

„Gewiß, Majestät", antwortete der Wandergeselle. „Alle anderen Hexenmeister verwandeln Menschen in Tiere und Steine oder zaubern ihnen lange Nasen, lange Ohren und sonstwas an. Das ist keine Kunst. Wenn ich zaubere, bleiben die Leute so, wie sie sind. Das kann nur ich, der Allerbeste." Er streckte die Hände gegen den König aus und rief beschwörend: „Hokuspukus, simsalameit! Großer Herr König, bleibt, wie Ihr seid!"

„Ooooh!" riefen die Hofdamen und Hofherren. „Seine Majestät sieht noch genauso aus wie vorher!"

„Du bist ein sehr guter Hexenmeister" lobte der König. „Ich möchte aber doch, daß du einige Hofdamen und Hofherren in Tiere oder sonstwas verwandelst."

„Gern, Majestät", antwortete der Wandergeselle. „Wählt bis morgen die Herren aus, die ich in Affen oder Ochsen, und die Damen, die ich in Gänse oder Hühner verwandeln soll."

„Gut", sagte der König. „Bis morgen also."

Am nächsten Morgen war „der allerbeste Hexenmeister" verschwunden. Alle Hofdamen und Hofherren hatten ihm viel Geld bezahlt, damit er in der Nacht abreise und nie wiederkomme.

Und der Spitzbub lachte sich ins Fäustchen.

## Fünfzig Mark und vierzig Pfennig

Die kleine Monika fand auf dem Gehsteig eine Geldbörse. Darin waren ein Fünfzigmarkschein und vier Zehnpfennigmünzen. Hastig steckte Monika die Geldbörse ein. Zu Hause erzählte sie nichts davon.

Am Abend konnte sie lange nicht einschlafen. Sie überlegte, was sie für das Geld kaufen sollte. Dann dachte sie daran, daß es armen Leuten gehören könnte.

„Wenn ich es verloren hätte, wär' ich sehr traurig", murmelte sie vor sich hin.

Am nächsten Tag gab sie die Geldbörse bei der Polizei ab.

Vier Tage später kam ein Mann und bedankte sich bei der ehrlichen Finderin. Er war arbeitslos. Trotzdem gab er Monika fünf Mark Finderlohn.

Jetzt schläft Monika wieder gut.

## Sonnenstrahlen

Eva war ein stilles, schüchternes Mädchen. In der Nachbarschaft und in der Schule hatte sie kaum Freundinnen. Auch zu Hause war sie oft allein. Vater und Mutter waren berufstätig.

Trotzdem fühlte sie sich nicht einsam. Bei schönem Wetter saß sie auf dem Balkon und hielt die Hände auf. Die Sonnenstrahlen schienen darauf und erzählten ihr Geschichten aus der weiten Welt, lange und kurze, lustige und traurige ...

Als Eva erwachsen war, schrieb sie die Geschichten auf. Sie wurden in Büchern gedruckt. Alle Kinder, die sie lasen, freuten sich darüber, und Eva bekam viele kleine Freunde.

Sie war eine beliebte Schriftstellerin geworden.

## Der Kasperl auf dem Fluß

Früh am Morgen merkten der Kasperl und seine Gretel, daß sie in ihrem Häuschen den Fluß hinuntertrieben! Der Kasperl guckte aus dem Fenster und sah, wie der Wassermann und das Krokodil das Häuschen davonschleppten. Sie hatten es in der Nacht mitsamt dem Fußboden abgehoben und zogen es zum großen Wasserfall.

Der Kasperl sagte zu seiner Gretel: „Nimm die Angelrute und wirf den Haken dem Wassermann in den Popo."

Er selbst machte eine Schlinge in die Wäscheleine und warf sie dem Krokodil über den Kopf. Der Wassermann schrie auf, das Krokodil schnappte nach Luft.

„Umkehren!" befahl der Kasperl. Jammernd brachten der Wassermann und das Krokodil das Häuschen an seinen alten Platz zurück.

## Doktor Mirakulus

Ein König hatte eine riesige Nase im Gesicht und darauf eine riesige Warze. Doch wehe dem, der die Wörter „Nase" und „Warze" vor ihm aussprach! Der Pechvogel bekam zwanzig Stockhiebe aufgezählt: zehn für die Nase, zehn für die Warze.

Da kam ein Mann ins Schloß, der davon gehört hatte. Der König kratzte sich an der Nase und fragte, was ihn da jucke.

„Euch juckt das süße Kügelchen auf Eurem süßen Rüsselchen, Majestät", antwortete der Mann. „Doch wenn es Euch juckt, entferne ich es Euch gern. Es tut auch kaum weh. Ich bin der berühmte Doktor Mirakulus."

Der König ließ sich die Warze entfernen und bezahlte den Doktor fürstlich. Die Nase behielt er.

## Flunkermeiers zwölfte Geschichte

Einmal lud mich ein schottischer Graf auf sein Schloß ein. Dieses Schloß wurde an jedem Neujahrstag um Mitternacht von sieben Raubrittergeistern überfallen. Von Mitternacht bis ein Uhr morgens tranken sie Whisky, Wein, Bier, Limonade und Wasser aus, bis nichts mehr da war. Dazu plärrten sie so laut, daß die Schloßmauern wackelten.

Der Graf hatte mich für die Gespensternacht eingeladen. Um Mitternacht kamen die Geister und fingen zu lärmen an.

Ich hatte ein Tonbandgerät mitgebracht, auf das ich das letzte Rock-Konzert aufgenommen hatte. Ich drehte es auf volle Lautstärke.

Da erschraken die Geister, flatterten davon und kamen nie wieder.

## Der Kaufmann und die Räuber

Vor langer Zeit ritt ein Kaufmann auf seinem Schimmel nach Hause. Er hatte gute Geschäfte gemacht und viel Geld verdient. Auf einem Waldweg überfiel ihn eine Räuberbande.

„Geld her!" brüllten die Kerle und fuchtelten mit ihren Schießeisen herum.

„Mein Geld geb' ich euch gern", sagte der Kaufmann. „Allerdings müßt ihr wissen, daß ich an einer schweren Addition leide, die sehr ansteckend ist."

„Nichts wie weg!" schrie der Räuberhauptmann. „Oder wollt ihr an der verdammten Addition krepieren?!" Und die Bande verschwand im Nu ...

Dabei bedeutet „Addition" nichts weiter als das Zusammenzählen von Zahlen. Zum Beispiel: 5 + 2 = 7.

203

# Der ABC-Fasching

Im Faschingszug fiel eine Gruppe von 26 Jungen und Mädchen mit Tierköpfen besonders auf. Sie hatten sich so maskiert, daß die Anfangsbuchstaben ihrer Vornamen mit denen der aufgesetzten Tierköpfe gleich waren.

Alexander ging als Affe, Brigitte als Bär, Christian als Chamäleon, Dieter als Dackel, Edith als Eichhörnchen, Freddy als Fuchs, Gisela als Gans, Heinrich als Hirsch, Inge als Igel, Jürgen als Jaguar, Katja als Katze, Ludwig als Löwe, Max als Maultier, Norbert als Nashorn, Otto als Ochse, Peter als Pferd, Quirin als Qualle, Robert als Rhinozeros, Susi als Schweinchen, Thomas als Truthahn, Ulrike als Unke, Viktor als Vampir und Walter als Walroß.

Xaver hatte sich als „x-beliebiges Vieh" maskiert, weil er kein X als Anfangsbuchstaben für ein richtiges Tier gefunden hatte. Er trug einen Quadratschädel mit zwei Hörnern, einem X auf der Stirn und einem Entenschnabel im Gesicht.

Auch Yvette hatte lange suchen müssen. Endlich war sie auf Yak gestoßen, den langhaarigen Büffel aus dem Hochgebirge in Asien.

Und Zora ging als Zebra.

Alle sprangen und hüpften durcheinander. Sie quiekten und schnatterten, grunzten und pfiffen, knurrten und muhten, miauten und bellten, wieherten, fauchten und zischten. Alle Zuschauer klatschten ihnen Beifall.

## Der Fuchs und die Katze

Im Wald begegnete die Katze dem Fuchs und grüßte ihn bescheiden: „Guten Tag, Herr Fuchs, wie geht's denn immer?"

Der Fuchs musterte sie von oben bis unten und sagte hochmütig: „Was fällt dir ein, du armseliger Bartputzer! Wieso traust du dich, mich anzusprechen? Wie viele Künste verstehst du denn?"

„Nur eine einzige", antwortete die Katze. „Wenn mich Hunde jagen, rette ich mich auf einen Baum."

„Ist das alles?" spottete der Fuchs. „Ich beherrsche mehr als hundert Künste!"

Da kam der Jäger mit vier Hunden daher. Die Katze sprang auf einen Baum und war in Sicherheit.

„Jetzt zeigt Eure Künste!" rief sie dem Fuchs zu, der um sein Leben rannte.

*(Nach den Brüdern Grimm)*

## Die Steckenpferdreiter

Vor 350 Jahren, als der Herzog Piccolomini in Nürnberg weilte, behauptete einmal ein Spaßmacher: „Jeder Bub, der am Sonntag nach dem Gottesdienst auf einem Steckenpferd vor das Haus des Herzogs reitet, kriegt einen Taler."

Am nächsten Sonntag galoppierte eine ganze Menge Steckenpferdreiter lärmend vor Piccolominis Haus. Der Herzog lachte, als er von dem Spaß erfuhr, und rief den Kindern zu: „Heut' hab' ich nicht so viel Geld! Kommt am nächsten Sonntag wieder!"

Bis dahin ließ er viereckige Silbermünzen prägen. Die Vorderseite zeigte einen Steckenpferdreiter und die Jahreszahl 1650. Dieses „Reiterle" bekam jeder Bub, ob er auf einem richtigen Steckenpferd saß oder nur auf einem Stecken.

205

## Wunder in der Winternacht

Vor langer Zeit lebte ein Kleinhäusler, der so sehr verarmte, daß er seine Familie nicht mehr ernähren konnte. Da ging er an einem Wintertag in die nahe Stadt, schleppte sich von Haus zu Haus und bat um Arbeit. Die Städter wiesen ihn ab. Vor der Stadtmauer brach er zusammen, sank in den Schnee und schloß die Augen. Ein Jäger rüttelte ihn auf.

„Ich kenne deine Not und werde dir helfen", sagte der Jägersmann. „Allerdings nur, wenn du keinem Menschen von unserer Begegnung erzählst." Das versprach der Kleinhäusler gern.

Der Jäger sprach weiter: „Hol in dieser Nacht alle Nüsse von dem Nußbaum in deinem Garten herunter. Sobald du sie in die Küche trägst, werden sie sich in Gold verwandeln." Dann verschwand er wie durch Zauberei.

Um Mitternacht kam der Kleinhäusler nach Hause. Seine Frau und seine Kinder schliefen. Zwar glaubte er dem Jäger nicht recht, doch er tat, was dieser gesagt hatte.

Der Nußbaum war längst abgeerntet, nur noch einige vergessene Nüsse hingen daran. Der Kleinhäusler schlug sie mit einer Stange herunter, und sie füllten seine Schürze. Als er sie in die Stube trug, wurden sie zu Gold. Ein Goldschmied in der Stadt kaufte sie für harte Taler, und alle Not hatte ein Ende.

Ob der Kleinhäusler sein Geheimnis ausgeplaudert hat, ist unbekannt. Hoffentlich hat er geschwiegen.

*(Aus Franken)*

206

## Die dreieckige Kapelle

Drei Söhne eines Barons stritten um eine Erbschaft. Sie wurden so böse aufeinander, daß sie das väterliche Schloß verließen und in die Welt hinauszogen.

Nach einigen Jahren packte sie das Heimweh. Sie dachten daran, wie glücklich sie als Kinder miteinander gespielt und wie fest sie als junge Burschen zusammengehalten hatten.

Jetzt kehrten sie zurück und versöhnten sich. Zum Dank ließen sie in der Nähe ihres Schlosses eine dreieckige Kapelle bauen und an jede Ecke eine Zeder pflanzen.

Die Kapelle steht heute noch. Eine bemalte Tafel zeigt die drei versöhnten Brüder, wie sie einander die Hand reichen.

*(Aus dem Salzburger Land)*

## Das Bauernbrot

Als noch keine Autos und Eisenbahnen fuhren, ritt ein vornehmer Herr am späten Abend in ein Bergdorf ein und übernachtete in einem Bauernhof. Am nächsten Morgen setzte ihm die Bäuerin ein kräftiges Frühstück vor. Der Herr ließ es sich schmecken, nur das Brot steckte er ein.

„Es ist mir zu schlecht", sagte er. „Ich werde es meiner Gemahlin zeigen, damit sie sieht, was für schlechtes Brot ihr eßt."

Auf dem Heimweg über die Berge geriet er in einen Schneesturm und wäre entkräftet umgekommen, wenn er nicht das Bauernbrot gegessen hätte. Es rettete ihn über den Sturm hinweg.

Zum Dank ließ er eine Kapelle bauen, die schon bald „die Brotkapelle" genannt wurde.

*(Aus Salzburg)*

# Die sechste Geschichte vom kleinen schwarzen Ritter

Eines Abends bat ein Bauer den kleinen schwarzen Ritter um Hilfe.

„Der Raubritter Reginald verlangt Lösegeld von uns", jammerte er. „Wenn wir nicht bezahlen, werden seine Reiter unser Dorf niederbrennen. Und so viel, wie er fordert, haben wir nicht. Helft uns, edler Herr. Ihr könnt doch zaubern!"

„Ich helfe euch", versprach der kleine schwarze Ritter, warf dem Bauer die Zügel seines Rappen zu und ließ sich in das Dorf führen.

Am nächsten Morgen preschten dreißig schwerbewaffnete Reiter heran, allen voraus der Raubritter Reginald. Der kleine schwarze Ritter erwartete sie vor dem Dorf. „Hoho, Reiterlein", höhnte der Raubritter, „willst du uns aufhalten?!" Die

Räuber lachten schallend. Der kleine schwarze Ritter hob die Hand.

Da rannten die Gäule der Angreifer unter ihren Reitern davon. Die Räuber saßen in der Luft und konnten keinen Finger rühren.

Als die Bauern das sahen, kamen sie mit Peitschen und Stecken gerannt. Sie nahmen den Räubern die Waffen weg und verpaßten jedem eine gehörige Tracht Prügel.

„Kommt nie wieder", drohte der kleine schwarze Ritter, „sonst geht es euch nicht mehr so gut wie heute!" Er schnippte mit den Fingern.

Der Raubritter Reginald und seine Kumpane plumpsten zu Boden, rappelten sich ächzend auf und humpelten davon, so schnell sie konnten.

## Der Jägersprung

Im österreichischen Pinzgau stürzt die Krimmler Ache in drei übereinanderliegenden Wasserfällen 380 Meter tief ins Tal hinunter. In der Mitte der Wasserfälle rücken die Felswände nahe zusammen. Eine Sage erzählt:

Ein Wildschütz, der einen Steinbock erlegen wollte, wurde von einem Förster bis zur Mitte der Krimmler Wasserfälle verfolgt. Hier schien die Flucht zu Ende zu sein. Der Sprung in die tobenden Fluten wäre tödlich gewesen.

Schon streckte der Förster die Hand nach dem Verfolgten aus – da sprang dieser mit einem riesigen Satz auf den jenseitigen Fels hinüber und verschwand im Gehölz. Seit damals heißt diese Stelle am Wasserfall „Zum Jägersprung".

## Der Schatz in der Ruine

Lange Zeit geisterte eine Frau in weißen Gewändern zur Mitternachtsstunde um die Ruine der Burg Weyern. Viele Leute wollten sie gesehen haben. Ein kluger Mann behauptete, daß sie einen Schatz hüte. Doch niemand traute sich, der Spukgestalt entgegenzutreten und sie nach dem Schatz zu fragen.

Ein ganz Kluger schlug vor, tagsüber in der Ruine und um sie herum zu graben. Dann müßte der Schatz wohl zu finden sein. Mit Spitzhacken, Schaufeln und Spaten wühlten die Schatzsucher den Boden in der Ruine und um sie herum auf. Sie fanden einen Sack voll steinharter Erbsen.

Von da an spukte die weiße Dame nicht mehr.

*(Aus dem Pinzgau)*

## Spiegel, Teppich und Apfel

Fürst Boleslav hatte drei Söhne. Sie wuchsen mit der Königstochter Ludmila auf. Deren Vater war gestorben und Boleslav sein Freund gewesen.

Als die Söhne herangewachsen waren, sagten sie eines Tages gemeinsam: „Lieber Vater, gib mir Ludmila zur Frau."

„Zieht in die Welt hinaus", antwortete der Fürst. „Wer mir das nützlichste Ding bringt, soll die Prinzessin heiraten."

Die Brüder schworen, nach einem Jahr bei der alten Grenzlinde wieder zusammenzutreffen. Dann ritten sie davon.

Nach einem Jahr trafen sie einander wieder. Der älteste Bruder brachte einen Spiegel mit, der ihm alles zeigte, was er sehen wollte. Der mittlere hatte einen fliegenden Teppich erworben. Der jüngste besaß einen

Apfel, der Sterbende wieder gesund machte.

Der älteste Bruder blickte in seinen Spiegel und rief: „Unser Vater stirbt!"

„Kommt auf meinen Teppich!" rief der mittlere, wünschte alle in das väterliche Schloß, und schon waren sie dort.

Der jüngste ließ den Sterbenden vom Apfel essen, und der Fürst war frisch und munter.

„Ihr alle, liebe Söhne, habt mir geholfen", sagte er. „Wem soll ich da Ludmila zusprechen?"

„Wäre es nicht besser, sie selbst zu fragen?" meinte der jüngste Sohn.

Sie fragten Ludmila, und sie wählte den Jüngsten.

*(Aus Böhmen)*

## Der Fundnagel

In einem österreichischen Bergdorf ist in die Innenseite der Kirchtür ein großer Nagel geschlagen, den die Leute den „Fundnagel" nennen. An diesem Nagel, heißt es, hängten ehrliche Leute Dinge auf, die sie gefunden hatten. Die Verlierer konnten sie dann vom Fundnagel abnehmen.

Nun gab es in dieser Gegend viele Wilderer, die Hirsche, Rehe und Gemsen abschossen. Sie wurden von Jägern verfolgt, und es gab manchen Kampf zwischen ihnen.

Dabei verlor ein Wilderer einmal sein Gewehr. Ein altes Weiblein fand es und hängte es an den Fundnagel in der Kirche. Dort holte es der Wilddieb wieder ab.

## Das Hufeisen

Der Teufel hat einen Menschenfuß und einen Pferdefuß. Und weil er viel unterwegs ist, muß er sich alle hundert Jahre ein neues Hufeisen aufschlagen lassen.

Als wieder einmal hundert Jahre vorbei waren, sagte der Teufel zu dem Hufschmied Häberle: „Schlag mir ein Hufeisen auf. Ich zahle mit Silbertalern."

Der gute Häberle beschlug ihn und kassierte. Der Teufel sauste davon – und drehte sich hundert Jahre lang im Kreis.

Der Hufschmied Häberle hatte ihm das Hufeisen verkehrt auf den Pferdefuß genagelt.

„Der Teufel hat mit Silbertalern bezahlt", sagte er. „Wenn es Golddukaten gewesen wären, hätt' ich ihn richtig beschlagen."

## Die Adlerfedern

In Südtirol gibt es viele Burgen und Burgruinen. Über die meisten werden Sagen und seltsame Geschichten erzählt, so auch von der Ruine Hauenstein in der Nähe der Hauptstadt Bozen.

Unter den Trümmern, heißt es, seien Schätze verborgen. Da grub schon mancher danach und fand kein einziges Goldstück.

Eines Tages ging ein junger Bauer zur Ruine hinauf, um sein Glück zu versuchen. Auch er grub vergebens und gab schließlich auf. Da sah er vor dem verwitterten Tor große Adlerfedern liegen. Er steckte einige an seinen Hut und machte sich auf den Heimweg.

Als er nach Hause kam, waren die Federn zu silbernen Löffeln geworden.

## Die verhexte Kuh

Vor langer Zeit soll in Südtirol ein Hexenmeister gelebt haben, der sich in verschiedene Gestalten verwandeln konnte. Eine Sage erzählt von ihm:

Ein Wucherer wollte einem armen Bauer die letzte Kuh wegnehmen. In seiner Not bat der Verzweifelte den Hexenmeister um Hilfe.

„Versteck deine Kuh", sagte dieser. „Alles andere mach' ich."

Der Wucherer holte die Kuh. Allerdings wußte er nicht, daß sie der verwandelte Hexenmeister war. Unterwegs sprach das Tier mit menschlicher Stimme: „Laß dich nie mehr bei meinem Bruder blicken, du Lump!" Dann verwandelte es sich in eine Krähe und flog davon.

Die richtige Kuh holte der Bauer in seinen Stall zurück.

## Der Drachenstein

In einem wilden Felsland hauste ein Drache. Jeder Mensch, den er anblickte, wurde zu Stein. Viele tapfere Ritter standen, zu Stein erstarrt, um die Drachenhöhle herum.

Da machte sich ein Hirtenmädchen auf den Weg. Es nahm nur einen großen Spiegel mit. Lautlos schlich es zur Drachenhöhle, stellte den Spiegel vor den Eingang und klatschte in die Hände.

Schnaubend stürzte der Drache heraus. Er sah sich im Spiegel und wurde vom eigenen Blick versteinert.

Die steinernen Ritter erhielten ihre menschliche Gestalt wieder und belohnten das Hirtenmädchen fürstlich.

Der Fels mit dem versteinerten Ungeheuer wurde „der Drachenstein" genannt.

## Die List der Frauen

Im Dreißigjährigen Krieg – das ist schon lange her – rückten die Schweden auch gegen das Tiroler Lechtal vor. Alle Lechtaler Männer waren auf anderen Plätzen eingesetzt.

Da griffen die Frauen zu einer List. Auf einem Hügel am Eingang des Tales stellten sie Holzpfähle mit Querstangen auf und bekleideten sie mit Jacken, Mänteln und Schützenhüten.

Die Schweden meinten, Tiroler Verteidiger zu sehen, und warteten ab.

Als es dunkel wurde, zündeten die Frauen viele Wachtfeuer an. Jetzt waren die Schweden überzeugt, daß vor ihnen eine feindliche Übermacht stand. Sie zogen sich zurück, und die Lechtaler waren gerettet.

# Der Wolf und die sieben Geißlein

„Ich gehe in den Wald, um Futter zu holen", sagte eine Geiß zu ihren sieben Geißlein. „Öffnet keinem Fremden die Tür, es könnte der böse Wolf sein."

Die Geißlein nickten, und die Geiß ging fort.

Etwas später klopfte der Wolf an. Weil er Kreide gegessen hatte, sagte er mit sanfter Stimme: „Macht auf, Kinder, eure Mutter ist da."

Die Geißlein öffneten die Tür. Der Wolf stürzte herein, und sie versteckten sich. Er fand sie und schluckte eines nach dem anderen hinunter. Nur das jüngste Geißlein, das in den Kasten der Wanduhr gesprungen war, entdeckte er nicht. Dann legte er sich draußen unter einen Baum und schnarchte laut.

Als die Geiß nach Hause kam, erzählte ihr das jüngste Geißlein, was geschehen war. Die Geiß schnitt dem schnarchenden Wolf mit einer Schere den Wanst auf, und die sechs Geißlein sprangen heraus. Darauf füllten sie den Wolfsbauch mit Steinen, und die Geiß nähte ihn wieder zu.

Als der Wolf erwachte, schleppte er sich durstig zum Brunnen, beugte sich weit vornüber, und die Steine zogen ihn ins Wasser.

„So kann's gehen, wenn man auf eine sanfte Stimme reinfällt", sagte Opa Hinrichs, der die Geschichte erzählt hatte.

„Ein Wolf kann keine sechs Geißlein schlucken", meinte die Enkelin Michaela. „Und beim Bauchaufschneiden wär' er ganz bestimmt aufgewacht."

„Im Märchen und im Traum ist alles möglich", sagte der Opa. „Gute Nacht, und träum was Schönes."

*(Frei nach den Brüdern Grimm)*

## Strohhalm, Kohle und Bohne

Ein dürrer Strohhalm, eine hitzige Kohle und eine dicke Bohne kamen an einen Wassergraben. Der Strohhalm legte sich darüber und sagte, die Kohle und die Bohne sollten über ihn ans andere Ufer gehen.

Die Kohle ging zuerst. Als sie die Mitte erreicht hatte, hörte sie das Wasser unter sich plätschern und traute sich nicht weiter. Weil sie so hitzig war, fing der Strohhalm zu brennen an, brach durch, und die Kohle plumpste in den Graben. Darüber mußte die Bohne so laut lachen, daß sie zerplatzte.

Zum Glück saß ein Schneider in der Nähe, der nähte die Bohne zusammen. Weil er aber schwarzen Zwirn genommen hatte, haben alle Bohnen seit dieser Zeit eine schwarze Naht.

*(Nach den Brüdern Grimm)*

## Der Tanzbär

Meister Petz, der auf Jahrmärkten getanzt hatte, entfloh seinem Bändiger und kehrte zu den Brüdern in die Freiheit zurück. Sie begrüßten ihn herzlich.

Zum großen Wiedersehensfest kamen alle Bären von weit und breit zusammen. Meister Petz erzählte, was er erlebt hatte. Dann tanzte er ihnen vor.

Das gefiel den anderen so sehr, daß sie auch zu tanzen versuchten. Es war schwerer, als sie gedacht hatten. Sie fielen auf den Rücken und auf die Nase. Einige verrenkten sich sogar die Pfoten.

Da wurden sie böse, weil Meister Petz mehr konnte als sie, und jagten ihn davon.

Und er ging zu den Menschen zurück, die ihm Beifall klatschten, wenn er tanzte.

*(Nach Gellert)*

## Das Märchen von Hänsel und Gretel im Fernsehen

**Erzähler(in):** Hänsel und Gretel verliefen sich im Wald und fürchteten sich sehr. Da kamen sie an ein Häuschen, das aus Brot gebaut und mit Kuchen gedeckt war. Die Fenster waren aus hellem Zucker.

„Fein!" jubelten Hänsel und Gretel. Hänsel aß vom Dach, Gretel naschte vom Fenster.

**Werbung:** Was dann, wenn der Durst quält? Keine Bange! Seht diese lustigen Monster und Dinosaurier! Fliegt mit ihnen zur fröhlichen Brunika-Oase, wo die gefüllten Limoflaschen an den Palmen hängen und die Limonade wie frisch gepreßt schmeckt!

**Erzähler(in):** Da trat die Hexe aus der Tür und zog die Kinder ins Haus. Dort sperrte sie Hänsel in den Stall, um ihn zu mästen. Er bekam Sahnetorte, Apfelkuchen, Schokoeis und Butterbrot mit viel Marmelade darauf.

**Werbung:** Wie gern hätte Hänsel Spaghetti mit der köstlichen Tomatensoße der Firma Knopp und Schmatz gegessen! So, wie die glücklichen Kinder, die hier um den Tisch sitzen. Auch aus der Nachbarschaft hat der Duft der herzhaften Tomatensoße von Knopp und Schmatz Mädchen und Jungen angelockt. Mmmmmmmh!

**Erzähler(in):** Zum Glück konnten Hänsel und Gretel die Hexe besiegen und gesund nach Hause kommen.

**Werbung:** Gretel hatte im Hexenhaus eine Tafel der wohlschmeckenden Limka-Schokolade gefunden und mit Hänsel geteilt. Für die Limka-Schokolade wird die kräftigste Alpenmilch der dunklen, weißgefleckten Kühe genommen, die ihr auf dieser Alm grasen seht. Und wenn der Hirt ihnen ein fröhliches „Hollaradiooo!" zujodelt, sind die lieben Kühe besonders froh. So geben sie der fabelhaften Limka-Schokolade die Kraft, auch Hexen zu überwinden.

**Erzähler(in):** Ende der Sendung. – Das Wetter

## Flunkermeiers dreizehnte Geschichte

Es war auf dem Südpol. Mutterseelenallein war ich im ewigen Schnee und Eis unterwegs. Ich hatte mich verirrt. Mein Proviant war zu Ende gegangen. Mühsam schleppte ich mich weiter. Meinen Durst löschte ich mit Schnee. Doch immer stärker nagte der Hunger an mir.

Auf einem Schneehügel brach ich zusammen. Mir wurde schwarz vor den Augen, und in meinen Ohren war ein schreckliches Singen.

Das ist das Ende, dachte ich, und plötzlich war mir alles Wurst.

Diese Wurst aß ich und kam zu Kräften. Als ich weiterging, nahm ich noch eine Menge Wurst mit. Die schenkte ich den Männern, die mich suchten, und alle wurden satt.

## Der Kasperl und der Telefax

Der Zauberer Telefax konnte Menschen ganz weit wegzaubern. Deshalb sagte der Teufel eines Tages zu ihm: „Der Kasperl ist mein Feind. Schaff ihn so weit fort, daß er zwei Jahre lang wegbleibt. Ich zahle dir hundert Golddukaten dafür." Der Telefax war einverstanden.

Als der Kasperl seinen Morgenspaziergang machte, trat ihm der Telefax entgegen, hob seinen Zauberstab und rief: „Verschwinde nach Afrika im Nu!"

Weiter kam er nicht. Der Kasperl riß ihm den Zauberstab aus der Hand und rief noch lauter: „... du unverschämter Telefax du!"

Da verschwand der Zauberer nach Afrika und kam erst nach zwei Jahren wieder zurück.

# Die siebte Geschichte vom kleinen schwarzen Ritter

Mit seiner Zauberkraft galt der kleine schwarze Ritter als unschlagbar.

„Ich werde ihn besiegen!" prahlte der Zauberer Miraculus, der in der Burg des Ritters Baldwin zu Gast war.

„Das wird schwer sein", warnte Baldwin. „Merlin, der berühmteste Magier, hat den Kleinen zaubern gelehrt."

„Der schwarze Zwerg ist ein Schüler", spottete Miraculus. „Ich bin ein Meister. Lade ihn ein, dann werde ich es dir beweisen."

Ritter Baldwin lud zu einem Festmahl zu Ehren des kleinen schwarzen Ritters ein. Er stellte den Zauberer seinen Gästen als den unbesiegbaren Ritter Miraculus vor. „Ich habe gehört, daß auch Ihr für unbesiegbar geltet", sagte der Zauberer zu dem kleinen schwarzen Ritter. „Wenn Ihr kein Feigling seid, fordere ich Euch zum Zweikampf auf."

„Feige bin ich nicht", antwortete der Kleine. „Wann wollt Ihr kämpfen?"

„Sofort", sagte Miraculus. „Im Burghof zu Fuß mit Schwert und Schild."

Zu Beginn des Kampfes schleuderte Miraculus eine finstere Wolke auf den Feind und sprang hinterher. Doch aus der Wolke schoß dann der Zauberer selbst in hohem Bogen heraus. Er krachte zu Boden und blieb liegen.

„Legt ihm einen kalten Umschlag auf", sagte der kleine schwarze Ritter. „Und danke schön für das Festmahl."

Dann ritt er davon. Und Miraculus behauptete nie wieder, unbesiegbar zu sein.

## Gulliver in Liliput

Gulliver lebte zu der Zeit, als die großen Segelschiffe über die Meere fuhren. Auf einer seiner Reisen geriet sein Schiff in einen Sturm und sank.

Gulliver wurde auf den Strand der Insel Liliput geworfen. Dort wohnten Zwerglein, die nicht größer als Menschendaumen waren. Sie nahmen den Menschenriesen Gulliver als Gast auf.

Dafür verteidigte er sie gegen den König der Nachbarinsel, die auch von Winzlingen bewohnt wurde. Dieser König wollte Liliput erobern. Gulliver watete ins flache Meer, band die fünfzig feindlichen Kriegsschiffchen an Fäden und zog sie nach Liliput. So gab es keinen Krieg.

Weil Gulliver Heimweh hatte, kehrte er nach England zurück.

*(Nach Jonathan Swift)*

## Der Wetterriese

Hoch über einem Bergtal hauste der Wetterriese Bumdarabauz. Er sagte nur die klingenden Laute A, U und Au. E, I und O kannte er nicht. Sooft er seinen Namen in das Tal hinunterbrüllte, brachen Unwetter los. Die Leute fürchteten ihn. Dabei wäre er gar zu gern ein netter Riese gewesen.

Eines Tages fragte er ein Hirtenmädchen: „Warum furchtat ahr much?"

Das Mädchen antwortete: „Wenn du auch schönes Wetter machen könntest, hätten wir keine Angst vor dir. Ruf doch mal ‚Bimdiribiez!' statt ‚Bumdarabauz!'"

Das tat der Riese. Und nach jedem Bimdiribiez kam schönes Wetter, weil das I ein ganz lieber Laut ist.

Seither mögen die Leute den Wetterriesen, und er mag sich auch.

## Der Wandergeselle

Ein Wandergeselle hatte eine Frau aus Räuberhänden befreit. Dafür schenkte sie ihm eine Schnupftabaksdose und sagte: „Wenn du den Deckel nach rechts drehst und jemanden schnupfen läßt, kann sich dieser so lange nicht bewegen, bis du den Deckel nach links drehst."

Drei Tage später begegnete der Wandergeselle einer schwarzen Kutsche.

„Wohin des Weges?" rief er den Kutscher an. Der sprang vom Kutschbock und rannte davon. In der Kutsche saß eine Prinzessin.

„Ein Zauberer hat eine Hungersnot über unser Land gebracht", erzählte sie. „Der Hunger wird erst aufhören, wenn ich den Bösewicht heirate. Jetzt fahre ich zu ihm."

„Ich werde Euch helfen!" rief der Wandergeselle und sprang auf den Kutschbock.

Kurz darauf kamen sie zu dem Zauberer. Er war klein und häßlich und saß auf einem Baumstumpf. Der Wandergeselle stieg ab und fragte: „Eine Prise Schnupftabak gefällig, weltberühmter Hexenmeister?" Dazu drehte er den Deckel der Dose nach rechts. Der Zauberer war geschmeichelt, nahm eine Prise und schnupfte. Da konnte er sich nicht mehr bewegen.

„Du kommst erst dann vom Baumstumpf herunter, wenn du die Prinzessin freigibst und schwörst, nie mehr Böses zu zaubern", sagte der Wandergeselle. Der Zauberer nickte zähneknirschend. Der Wandergeselle drehte den Deckel nach links, und der Bösewicht zischte ab.

Der Wandergeselle bekam die Prinzessin zur Frau.

*(Nach Ludwig Bechstein)*

220

## Zwei Satzfehler

Es kommt immer wieder vor, daß in einem Buch ein falsches Wort oder gar mehrere falsche Wörter gedruckt sind. Das nennt man dann „Satzfehler".

Zwei Satzfehler zum Schmunzeln fand ich in einem Märchenbuch. Dort stand im Inhaltsverzeichnis:

Hans im Glück – Dornröschen – Hänsel und Gretel – Die Hamburger Stadtmusikanten – Aschenputtel – Rotkäppchen – Schneewittchen und die sieben Geißlein – Das tapfere Schneiderlein – Der Wettlauf zwischen dem Hasen und dem Igel.

Bravo, wenn du die zwei falschen Wörter herausfindest!

Die falschen Wörter sind „Hamburger" und „Geißlein". Die Märchen heißen: „Die Bremer Stadtmusikanten" und „Schneewittchen und die sieben Zwerge".

## Der Drache und der Schweinehirt

Ein Schweinehirt sagte nur die Wörter „Jo" (Ja), „Ha?" (Wie bitte?) und „Na" (Nein). Und da war ein Drache, der die Prinzessin Rosalinde entführt hatte. Er gab ihr einen anderen Namen. Sie konnte nur befreit werden, wenn jemand diesen Namen erriet. Das versuchte der Schweinehirt.

„Willst du sie befreien?!" fuhr der Drache ihn an. „Jo", sagte der Schweinehirt. „Bist du verrückt?" zischte der Drache. Der Schweinehirt verstand ihn nicht und fragte: „Ha?" Der Drache brüllte: „Fürchtest du mich nicht?!" Der Schweinehirt antwortete: „Na." – „Du hast Johanna gesagt, das ist der Name", ächzte der Drache und flog davon. Die Prinzessin war frei, der Retter wurde reich belohnt.

*(Aus Bayern)*

# Gold im Garten

Alfred war zwölf Jahre alt. Er wohnte in einem Siedlungshäuschen, hinter dem ein Garten lag. Tagsüber war er oft allein zu Hause, weil Vater und Mutter berufstätig waren.

Eines Abends ging Vater mit Alfred in den Garten, zeigte auf drei Plätze und sagte: „Hier pflanze ich Obstbäume. Grab die Löcher aus, wenn du morgen aus der Schule kommst."

In der Schule machte Alfred ein belämmertes Gesicht.

„Bist du krank?" fragte ihn sein Freund Walter.

„Ich spinne", antwortete Alfred und erzählte: „Ich hab' geträumt, daß in unserem Garten Gold vergraben liegt, ungefähr einen halben Meter tief unter der Erde. Aber ich hab' drei Plätze geträumt. Das ist Blödsinn. Erstens gibt's bei uns kein Gold, zweitens hab' ich mir die Hand verstaucht und kann nicht graben und schaufeln."

„Krieg' ich was davon, wenn ich das Gold ausgrabe?" fragte Walter.

„Du kannst alles haben, weil es keines gibt", brummte Alfred.

Der Freund kam am Nachmittag, grub die Löcher und fand nur Regenwürmer ...

Am Abend lobte der Vater den fleißigen Alfred für die sauberen Pflanzlöcher und schenkte ihm zur Belohnung drei Knackwürste.

Alfred gab sie an Walter weiter. So hatte sich die Schatzsuche doch noch gelohnt ...

Das geschah vor langer Zeit. Heute könnte es nicht mehr vorkommen – oder?

## Gute Tage

„Wer gute Tage haben will, muß arbeiten",
sagte die Witwe Teresa zu ihrem faulen
Sohn Emilio. „Tu das endlich!"

Emilio ging und begegnete drei Männern. Die hatten einen Schatz ausgegraben
und trugen ihn nach Hause. „Guter Tag,
junger Freund", sagte der erste zu Emilio,
und dieser rief: „Das ist der erste!" Er
meinte den guten Tag, den ihm der Mann
gewünscht hatte. Der glaubte aber, daß er,
der Schatzgräber, gemeint sei. Als auch der
zweite und der dritte einen guten Tag
wünschten, jubelte Emilio: „Jetzt hab' ich
den zweiten und den dritten!"

Die Männer gaben ihm ein Viertel des
Schatzes, damit er sie nicht verrate. Emilio
brachte das Geld seiner Mutter, und sie
lobte ihren fleißigen Sohn.

*(Aus Italien)*

## Die große Weisheit

Ali war ein Spitzbub, der nicht gerne arbeitete. Lieber verdiente er sein Geld mit der
Dummheit anderer Leute.

So ließ er einmal auf dem Marktplatz einer Stadt einen hohen Baumstamm aufstel-
len, an dessen Spitze er ein Blatt Papier nagelte. „Auf diesem Zettel steht die große
Weisheit geschrieben, die Dumme klug
macht!" verkündete er. „Wer sie lesen
möchte, bezahle mir einen Dinar und klet-
tere dann hinauf!"

Viele Leute drängten heran. Ali kassierte. Als der letzte bezahlt hatte, durfte der
erste klettern.

Ali verdrückte sich hastig. Auf den Zettel hatte er geschrieben: „Hier ist die Stange zu Ende."

*(Aus dem Orient)*

223

## Aja und der Riese

Ein Wahrsager prophezeite einem König: „In zwei Jahren wirst du vor deiner Tochter Aja niederknien." Zornig verbannte sie der König in die Wildnis. Lange Zeit irrte sie umher, dann nahm sie ein Riese in sein Reich mit. Dort lebten die Leute im Überfluß.

Nach zwei Jahren starb der Riese, und Aja erbte sein Reich. Zur selben Zeit war eine große Hungersnot im Land des Königs, der seine Tochter verstoßen hatte. Als er erfuhr, daß es im Riesenreich große Vorräte gebe, ritt er dorthin, kniete vor der jungen Herrin nieder und flehte um Hilfe für sein Volk. Da gab sich Aja zu erkennen, und er bat sie um Verzeihung.

So war die Prophezeiung erfüllt, und alle feierten ein großes Versöhnungsfest.

*(Aus Rhodos)*

## Der Zauberer in der Milch

Es war einmal ein Zauberer, der lebte hoch oben im Gebirge. Einmal hatte er Appetit auf Kuhmilch. Er verwandelte sich in eine Fliege, flog zum nächsten Bauernhof und kroch durch das Schlüsselloch in die Milchkammer.

Dort setzte sich die Fliege auf den Rand einer Schüssel und trank so gierig, daß sie in die Milch hineinfiel und hilflos darin herumzappelte.

Da kam die Bäuerin, um die Milch für den Nachmittagskaffee zu holen. Sie sah die Fliege in der Schüssel, angelte sie mit dem Zeigefinger heraus und warf sie auf den Boden. Die Fliege war gerettet und schwirrte ab.

Seit diesem Tag gaben die Kühe doppelt so viel Milch wie vorher.

*(Aus Tirol)*

224

## Der Bauer und die weiße Frau

Ein Bergbauer stieg vor Sonnenaufgang auf seine Alm hinauf. Da trat ihm eine weiße Frau entgegen.

„Ich bin eine verwunschene Burgherrin", sagte sie. „Gleich werde ich dir als Schlange erscheinen. Wenn du mich dann streichelst, hast du mich erlöst, und ich erfülle dir einen Wunsch."

„Ich tu's", sagte der Bauer.

Die weiße Frau verwandelte sich in eine riesige Schlange. Der Bauer streichelte ihr den Kopf. Das Monster verschwand, und die Stimme der weißen Frau rief: „Ich danke dir! Nun sprich deinen Wunsch aus!"

Gerade an dieser Stelle schlief der Mann ein, der die Geschichte aufgeschrieben hat. Als er erwachte, wußte er nicht mehr, was sich der Bauer gewünscht hatte. Und so wissen wir es auch nicht.

## Die Moorhexe

Vor langer Zeit kam ein Handwerksbursch am späten Abend an ein düsteres Moor. Er ging auf ein Lichtlein zu und fand ein altes Haus. Auf sein Klopfen öffnete ihm ein steinaltes Mütterchen, das ihn freundlich aufnahm. Er ließ sich Brot und Milch schmecken, dann schlief er traumlos und tief.

Am Morgen erwachte er auf einer Wiese. Fremde Leute starrten ihn an. Sie redeten in einer Sprache, von der er nicht alles verstand. Erst allmählich begriff er, daß er hundert Jahre lang geschlafen hatte und dabei nicht älter geworden war.

Ein alter Mann sagte zu ihm: „Hier war einmal ein Moor, darin geisterte die Moorhexe. Sei froh, daß sie dich nur schlafen ließ."

*(Aus Norddeutschland)*

## Berg Semsi, tu dich auf

Es waren einmal zwei Brüder; einer war reich, der andere arm. Aber der Reiche gab dem Armen nichts. Einmal ging dieser durch den Wald und sah zwölf Räuber zu einem Berg eilen. Er versteckte sich und beobachtete sie. Die Räuber sagten: „Berg Semsi, tu dich auf!" Der Berg öffnete sich. Die Räuber gingen hinein und kamen nach kurzer Zeit mit schweren Säcken beladen zurück. Sie sagten: „Berg Semsi, tu dich zu!" Der Berg schloß sich, und die zwölf zogen ab.

Als sie verschwunden waren, ging der Arme zu dem Berg und sagte: „Berg Semsi tu dich auf!" Der Berg öffnete sich, und der Arme trat in eine Höhle. Dort lagen Gold- und Silbertaler in großen Haufen aufgeschüttet. Der Arme scheffelte so viel Gold

in einen Sack, wie er tragen konnte. Er ging aus der Höhle, sagte draußen: „Berg Semsi, tu dich zu!" und wanderte nach Hause. Da hatte alle Not ein Ende.

Nun hätte der reiche Bruder gar zu gern gewußt, woher der Arme plötzlich seinen Reichtum hatte. Er fragte und drängte so lange, bis es ihm der andere verriet.

Dann spannte der Geizhals zwei Pferde vor einen Wagen, um ihn voll Gold zu schaufeln.

Er fand den Berg, öffnete ihn mit den Zauberwörtern und fuhr hinein. Was dann geschah, hat niemand erfahren. Der Reiche, der seinem armen Bruder nicht einmal ein Almosen gegeben hatte, kehrte nie mehr zurück.

*(Nach den Brüdern Grimm)*

## Das Gerippe

Ein Spaziergänger fand am Ufer des Salzachflusses ein kopfloses Gerippe. Er rief andere Leute herbei, und alle redeten aufgeregt durcheinander.

„Da hat jemand jemanden umgebracht", sagte ein Mann. „Wir sollten das Opfer christlich beerdigen."

„Aber zuerst die Polizei verständigen", meinte ein anderer. Sie legten das Gerippe vor eine nahe Kapelle.

Am nächsten Morgen kam eine Gerichtskommission, um den Ermordeten zu untersuchen. Da stellte sich heraus, daß es das Gerippe einer Ziege war, die vor langer Zeit in der Salzach ertrunken, vom Wasser weggetrieben und hier angeschwemmt worden war.

*(Aus dem Salzburger Land)*

## Die Engelswand

Im Tiroler Ötztal ragt ein steiler Fels auf, den die Leute „die Engelswand" nennen. Davon erzählt eine Sage:

In alter Zeit lebte ein frommer Graf, dessen Burg in der Nähe des Felsens stand. Eines Abends ging er mit seiner Gemahlin und seinem Söhnchen spazieren.

Da schoß ein Adler auf das Knäblein nieder, packte es mit seinen Krallen und trug es in seinen Horst hoch oben am Rande der Felswand.

Der Graf und seine Gemahlin flehten den Himmel um Hilfe an.

Da erschien ein strahlender Engel, nahm das Knäblein aus den Klauen des Adlers und brachte es den glücklichen Eltern zurück. Von daher kommt der Name „die Engelswand".

# Die achte Geschichte vom kleinen schwarzen Ritter

Mancher Kämpfer wollte den kleinen schwarzen Ritter trotz seiner Zauberkraft besiegen, doch keiner schaffte es. Der Kleine machte alle Raufbolde, die gegen ihn antraten, lächerlich.

Doch da war noch der Ritter Horridor, ein Riese von Gestalt. „Den kleinen schwarzen Ritter puste ich mit meinem linken Nasenloch weg", prahlte er und forderte den Kleinen zum Zweikampf.

Der kleine schwarze Ritter nahm an.

„Der Angeber möchte mich mit seinem linken Nasenloch wegpusten", sagte er zu seinen Freunden. „Ich blase ihn mit meinem rechten davon."

Im ganzen Land kündigten Herolde den Zweikampf als „Kampf der Nasenlöcher" an. Er fand auf dem großen Turnierplatz vor der Königsburg statt. Zweitausend Zuschauer kamen.

Horridor erschien ganz in Rot auf einem Rotfuchs. Der kleine Ritter kam in Schwarz auf seinem Rappen.

Der König gab das Zeichen.

Horridor galoppierte auf den Gegner zu, um ihn mit der Lanze aus dem Sattel zu werfen.

Der kleine schwarze Ritter blies ihn mit dem rechten Nasenloch an, und der riesige Horridor flog wie eine Flaumfeder in die Luft. Dort überkugelte er sich dreimal, krachte zu Boden, ohne sich besonders weh zu tun, und blieb liegen.

Nach diesem Sieg forderte niemand mehr den kleinen schwarzen Ritter zum Zweikampf heraus.

## Flunkermeiers vierzehnte Geschichte

Einmal hatten mich sechs Räuber überfallen und ausgeraubt. Dann berieten sie, was sie mit mir machen sollten. Ich ahnte Böses.

Als sie beraten hatten, sagte ich zu ihnen: „Darf ich euch drei Witze erzählen?"

„Meinetwegen", brummte der Anführer. Die anderen nickten dazu.

Als ich den ersten Witz erzählt hatte, schmunzelten die Räuber. Nach dem zweiten Witz lachten sie, nach dem dritten lachten sie sich krank und fielen um.

Ich holte einen Arzt und die Polizei. Der Doktor sagte: „Mit dieser Lachkrankheit müssen sie fünf Tage lang im Bett bleiben."

„Und hinterher fünf Jahre lang im Knast", sagte der Polizeimeister.

## Der Kasperl ist krank

Im ganzen Land verbreitete sich die Nachricht, daß der Kasperl krank sei. „Jetzt hol' ich ihn in die Hölle!" rief der Teufel.

In Wirklichkeit war der Kasperl pumperlgesund. Den Schwindel mit der Krankheit hatte er verbreiten lassen, weil er den Teufel in die Falle locken wollte. In das Krankenbett legte er eine Strohpuppe, der er seine Zipfelmütze aufsetzte. Als der Teufel geschlichen kam, nahm der Kasperl seinen Stock und versteckte sich unter dem Bett ...

Der Teufel beugte sich über die Strohpuppe und knurrte: „Jetzt hab' ich dich!"

„Denkste!" rief der Kasperl, flitzte unter dem Bett hervor und prügelte den Teufel zum Haus hinaus.

Dann hatte er lange Zeit Ruhe vor ihm.

## Das Tüchlein der Fee

Als der Waisenjunge Wenzel achtzehn Jahre alt geworden war, erschien ihm eine Fee. Sie gab ihm ein Tüchlein und sagte: „Leg es jeden Abend auf dein Kopfkissen, dann wirst du am Morgen drei Goldstücke darunter finden." Dann löste sie sich in Nebel auf.

Von da an fand Wenzel jeden Morgen drei Golddukaten unter seinem Kopfkissen. Nach einer Woche kündigte er dem Wirt, bei dem er bisher geschuftet hatte.

Der Wirt und seine Frau wurden mißtrauisch, entdeckten Wenzels Geheimnis und stahlen ihm das Tüchlein. Doch unter ihren Kopfkissen lag dann kein Gold. Da fesselten sie Wenzel, sperrten ihn in eine Kammer und nahmen ihm jeden Morgen seine Golddukaten ab.

Jetzt griff die Fee ein. Eines Morgens fanden die Wirtsleute neben den Goldstücken drei duftende grüne Blättchen.

„Sie müßten sehr schmackhaft würzen", meinte die Wirtin und gab sie in die Suppe.

Die Wirtsleute aßen mit großem Appetit – und wurden verwandelt: der Wirt in einen Ziegenbock, die Wirtin in eine Ziege. Sie meckerten kläglich.

Die Fee löste Wenzel die Fesseln und gab ihm das Tüchlein zurück.

Wenzel zog in die Welt hinaus, wirtschaftete gut und wurde ein wohlhabender Handelsherr.

Der Wirt und die Wirtin wurden nach einem Monat entzaubert. Vom Ziegenleben hatten sie genug.

*(Aus Böhmen)*

## Glitzernde Sandkörner

Ein armer Mann war krank geworden und konnte seine große Familie nicht mehr ernähren. Da ging er an den Fluß und klagte den Fischlein seinen Kummer.

Sie hörten ihm zu, tauchten dann weg und kamen mit vielen anderen wieder. Jedes Fischlein brachte ein glitzerndes Sandkorn im Maul mit. Das legte es dem armen Mann in die Hand. Der freute sich darüber, bedankte sich und steckte die Glitzerkörner in die Tasche. Als er damit nach Hause kam, rief seine Frau: „Das sind ja Diamanten!"

So war der Arme reich geworden. Er bezahlte einen Doktor, der ihn gesund machte, baute ein Haus und eröffnete einen Teppichhandel. Den Fischlein brachte er immer wieder Leckerbissen.

*(Aus Afghanistan)*

## Der Wassergeist

Der Schuster Max war ein Mann, der andere gern zum Narren hielt. Eines späten Abends versteckte er sich am Dorfteich hinter dem Gestrüpp und wartete auf den Müller Peter, der aus der Feuerwehrversammlung zurückkam.

Als der Peter am Dorfteich vorbeiging, hörte er eine dumpfe Stimme: „Ich bin der Wassergeist und meine es gut mit dir. Wate drei Schritte weit in den Teich und hol den Schatz heraus, der dort im Schlamm liegt!"

Der Müller Peter erkannte die Stimme des Schusters Ignaz und sprang hinter das Gebüsch. Dort packte er den Spaßvogel am Kragen, schob ihn zum Wasser, tauchte ihn dreimal unter und spottete: „Wo ist denn der Schatz?" Dann gab er dem Japsenden einen Tritt ins Gesäß und ging weiter.

# Der kleine große Zauberer

In uralter Zeit schwemmten die Wellen des Meeres einen toten Wal an den Strand. Die Indianer, die ihn gefunden hatten, zündeten Feuer an, um die Nachbarsippen zu verständigen. Da kamen viele in ihren Kanus zum großen Festmahl und um Vorräte in ihre Hütten mitzunehmen.

Auch ein Zauberer kam mit seinen Leuten. Er war ein Häuptling wie die anderen Anführer, doch niemand beachtete ihn, weil er so klein war. Die anderen Häuptlinge wurden geehrt und bekamen die besten Stücke vom Wal. Das ärgerte den Kleinen, der ein großer Zauberer war. Er sann auf Rache.

Der Schmaus zog sich über viele Tage hin. An einem wunderschönen Morgen ließ der kleine Häuptling plötzlich die Sonne verfinstern, und es wurde stockdunkel. Die Leute fürchteten sich und jammerten.

Da rief der kleine Häuptling: „Diese Finsternis habe ich euch für immer gesandt, weil ihr mich nicht so ehrt, wie es einem Häuptling gebührt!"

Da flehten sie um Gnade und versprachen, ihn mehr zu ehren als jeden anderen und ihm die besten Fleischstücke und das beste Fett zu geben.

„Dann will ich euch verzeihen", sagte er versöhnt, setzte seinen Federschmuck auf den Kopf und hob die Arme. Da wurde es im Osten hell. Langsam verbreitete sich das Licht über den ganzen Himmel.

Die Leute atmeten auf und jubelten dem kleinen großen Zauberer zu.

*(Nach einem Märchen der Feuerland-Indianer)*

## Die Biene und Omas Hagebuttentee

Eine Biene summte im Garten umher. Sie hatte Blütensaft aus Blumen gesammelt und naschte jetzt von Omas Zwetschgenkuchen. Als Oma die Biene sah, ließ sie vor Schreck die Tasse mit dem Hagebuttentee darin fallen. Die Tasse zerbrach auf dem Steinfußboden.

„Du böse Wespe!" rief die Oma. „Verschwinde und stich mich bloß nicht!" Die Biene war sehr beleidigt, weil Oma sie eine Wespe nannte. „Bienen machen Honig!" summte sie zornig. „Wespen machen keinen!" Das hörte die Oma nicht. Sie lief nach Schaufel und Besen, um die Scherben zusammenzufegen.

Inzwischen ließ sich die Biene den Rest des süßen Hagebuttentees aus der zerbrochenen Tasse schmecken.

## Freund Immerfroh

Nach einem großen Krieg wurde auch der Soldat Michel entlassen. Weil er immer fröhlich war, hatten ihn seine Kameraden „Freund Immerfroh" genannt. Jetzt hatte er nur zwei Kreuzer in der Tasche und einen Laib Brot im Rucksack. Trotzdem pfiff er vor sich hin.

Da bat ihn Sankt Petrus in der Gestalt eines Bettlers um ein Almosen. Freund Immerfroh gab ihm einen Kreuzer und die Hälfte des Brotes. Der Bettler dankte und ging. – Kurz darauf bat Sankt Petrus den Immerfroh in der Gestalt eines anderen Bettlers um Hilfe. Gutmütig schenkte ihm Michel den zweiten Kreuzer und das letzte Brot. Der Bettler segnete ihn.

Von da an hatte Freund Immerfroh stets so viel Geld, wie er brauchte.

*(Aus dem Elsaß)*

# Rumpelstilzchen

Ein Müller prahlte, seine Tochter könne Stroh zu Gold spinnen. Der König befahl das Mädchen ins Schloß und zeigte ihm drei große Kammern, die voll Stroh lagen.

„Spinne es zu Gold!" befahl er. „Wenn du es schaffst, mache ich dich zu meiner Königin; schaffst du es nicht, lasse ich dich in den Kerker werfen." Dann ging er.

Die Müllerstochter weinte verzweifelt. Da stand ein Männchen vor ihr und sagte: „Gib mir, wenn du Königin bist, dein erstes Kind, dann will ich dir helfen." Das Mädchen versprach es in seiner Not. Das Männchen spann das Stroh zu Gold, und die Müllerstochter wurde Königin.

Nach einem Jahr bekam sie ein Kind, und das Männchen erschien, um es zu holen. Da jammerte die Königin so sehr, daß das Männchen sagte: „Wenn du in drei Tagen meinen Namen kennst, sollst du dein Kind behalten."

Die Königin schickte Boten aus, die nach seltenen Namen forschen sollten. Der letzte kam zurück und meldete ihr: „In einem Wald sah ich ein Männchen um ein Feuer tanzen. Dazu sang es:

,Morgen hole ich das Königskind!
Ach wie gut, daß niemand weiß,
daß ich Rumpelstilzchen heiß!'"

Als das Männchen kam, fragte die Königin: „Heißt du Rumpelstilzchen?"

„Das weißt du vom Teufel!" schrie das Männchen und verschwand in der Erde.

*(Nach den Brüdern Grimm)*

## Der fliegende Kater

Ein alter Zauberer sagte zu seinem Kater: „Peter, du bist zu fett geworden." Er schlug sein Zauberbuch auf und suchte das Kapitel: „Wie man fette Kater schlank macht". Leider waren da zwei Seiten zusammengeklebt, doch das sah der alte Zauberer mit seinen trüben Augen nicht. Und so las er aus dem Zauberbuch: „Kater Peter, heck meckmeck ..." Auf der nächsten Seite hieß es weiter: „... verliere deinen Katerspeck!" Doch weil da zwei Seiten zusammenklebten, las der alte Zauberer: „... kriege Flügel und flieg weg!"

Da flog Kater Peter zum Fenster hinaus. Und wenn ihn sein Herrchen nicht zurückgezaubert hat, ist er noch heute „der fliegende Kater".

## Und noch einmal der Rübezahl

Der Steuereinnehmer des Grafen Stanislaus nahm den Bauern und Handwerkern viel mehr Geld ab, als er dem Grafen ablieferte. Das hörte Rübezahl, der Berggeist des Riesengebirges. „Na warte!" brummte er.

An einem Sommertag ritt der Steuereinnehmer über das Gebirge. Da trat ihm Rübezahl in der Gestalt eines Köhlers entgegen. „Edler Herr, habt Erbarmen!" rief er. „Die Steuern, die ich bezahlen soll, sind viel zu hoch!"

„Unverschämter Lümmel!" schimpfte der Steuereinnehmer und schlug mit der Reitpeitsche nach dem Köhler. Da fiel er vom Pferd und blieb benommen liegen.

Nachher redete er dummes Zeug. Da konnte ihn der Graf nicht mehr brauchen und schickte ihn in Pension.

## Flunkermeiers letzte Geschichte

Einmal sollte ich im indischen Dschungel Schmetterlinge fangen. Da sprang mich ein Tiger an, stieß mich zu Boden und stellte sich über mich. Sein heißer Atem wehte mir ins Gesicht, seine Augen funkelten mich an.

Schon glaubte ich mich verloren, da fiel mir mein Kater Peter ein. Der schnurrte immer genußvoll, wenn ich ihn unter dem Kinn kitzelte.

Ich nahm all meinen Mut zusammen und kitzelte den Tiger unter dem Kinn. Er schnurrte tatsächlich! Ich kitzelte ihn stärker. Da schloß er die Augen, legte sich neben mich und streckte alle vier Beine in die Höhe. Ich kitzelte ihn so lange, bis er eingeschlafen war. Dann verdrückte ich mich.

## Der Kasperl und die Schlafmütze

An einem Abend fand der Kasperl eine Zipfelmütze vor seinem Haus. Sie war aus roter, weißer, blauer, gelber, grüner und schwarzer Wolle gestrickt.

Kasperls Gretel sagte: „Das ist eine Schlafmütze von der Fee der Träume. Sie legt sie denen vors Haus, die sie lieb hat. Wer eine solche Mütze aufsetzt, schläft ein und träumt die schönsten Geschichten."

So ist es.

Wenn der Kasperl zu Bett geht, setzt er die Schlafmütze auf. Dann träumt er die aufregendsten Abenteuer mit dem Teufel, dem Krokodil, dem Räuber Hurraxdax und anderen Spitzbuben.

Die spielt er dann den Kindern vor, und alle freuen sich darüber.

236

**Josef Carl Grund** wurde 1920 in Dürnberg geboren und lebt seit 1957 in Nürnberg. Er schrieb mehr als 100 Kinder- und Jugendbücher, 5 große Reisebücher, 31 Theaterstücke und einige Hör- und Fernsehspiele. Grund-Bücher erschienen in 14 Sprachen (darunter Japanisch, Polnisch, Finnisch, Rätoromanisch, Afrikaans). Für seine Werke erhielt der Autor 9 deutsche und 6 ausländische Auszeichnungen. Josef Carl Grund beantwortet jährlich mehr als 1000 Leserbriefe.

Liebe Kinder,
auch Ihr dürft mir schreiben. Wenn Ihr eine Briefmarke (als Rückporto) beilegt, antworte ich Euch ganz bestimmt. Vergeßt bitte nicht, Eure Adresse anzugeben, damit ich weiß, wem ich zurückschreiben soll.
Euer

Josef Carl Grund
Trierer Straße 176
90469 Nürnberg

**Rolf Rettich** wurde 1929 in Erfurt geboren. Er hatte mit seiner Frau Margret ein Atelier in Leipzig, bevor beide 1960 nach Niedersachsen kamen.
Rolf Rettich hat zahlreiche Kinder- und Jugendbücher illustriert, einige davon wurden ausgezeichnet (u. a. Ehrenliste des internationalen Bilderbuchpreises). 1987 erschien das erste von ihm geschriebene Kinderbuch „Großelternkind".